Demut oder pure Macht

Walter R. Kaiser

Demut oder pure Macht

Benedikt und Machiavelli

Bibliographische Information der Deutschen Nationalbibliothek
Die Deutsche Nationalbibliothek verzeichnet diese Publikation in der Deutschen Nationalbibliografie; detaillierte bibliographische Daten sind im Internet unter http://dnb.b-nb.de abrufbar.

© 2014 Walter R. Kaiser
Titelfoto: © www.fotolia.com - #30356719
Herstellung und Verlag
BoD - Books on Demand, Norderstedt

ISBN: 978-3-7322-9348-3

Inhaltsübersicht

Vorwort

Jeder Mensch ist in seinem Leben irgendwann einmal Führungskraft gewesen oder ist es noch. Man muss nicht Abteilungsleiter, Geschäftsführer oder Vorstand in einem Unternehmen sein. Führungskraft ist man auch als Vorstand eines Vereins, als Sprecher einer Interessengemeinschaft oder auch informell als Kopf der eigenen kleinen Familie. Selbst wenn man sich selbst nicht zu den Führungskräften zählt, fragt man sich dennoch, wie diese ihre Aufgaben bewältigen, welche Methoden, Techniken oder vielleicht auch Tricks sie anwenden, um ihre Ziele zu erreichen. Man möchte zumindest einmal hinter die Kulissen schauen.

Die Literatur über Management und Führung füllt Bibliotheken. Gibt man bei einem Internet-Buchhändler[1] die beiden Begriffe „Führung, Management" ein, dann erhält man über achttausend Buchempfehlungen. Deren Themenschwerpunkte reichen von esoterischen Empfehlungen, biblischen Vorbildern, sogenannte „Management by" Büchern bis hin zu Methoden der rationalen Entscheidungstechnik und mathematischen Spieltheorie. Viele Autoren haben es in irgendeiner Disziplin zu überdurchschnittlichen Leistungen gebracht und geben ihre Erkenntnisse als

---

[1] www.amazon.de: Management, Führung; 8.031 Treffer, Zugriff 15.12.2013

Führungsempfehlungen weiter: Bergsteiger, Tiefseetaucher, Marathonläufer, Judokämpfer, Dirigenten, Wirtschaftsbosse, Politiker oder Theologen. Natürlich melden sich auch Philosophen, Psychologen und Soziologen zu Wort. Wenn man die Empfehlungen dieser Autoren einordnet, dann bewegen sie sich auf einer Skala zwischen sanfter Manipulation am einen und harter Repression am anderen Ende.

Zwei Führungsphilosophien haben die Jahrhunderte überdauert und beschäftigen uns auch heute noch. Es sind die Regeln des *Benedikt von Nursia (480 – 547)* für das christlich klösterliche Leben, und es ist das Buch *Der Fürst*, von *Niccoló Machiavelli (1469 – 1527)*. Wobei an *Benedikt* meist das Schild „Der Gute" und an *Machiavelli* „Der Böse" klebt.

Der folgende Text analysiert, eng geführt durch Original-Zitate, was es damit auf sich hat. Erst werden die Benediktusregeln betrachtet, dann das Buch *Der Fürst.* Am Schluss steht ein Vergleich beider Systeme anhand einiger wichtiger Kriterien. Das Ergebnis wird manchen Leser überraschen.

Raum für Notizen findet man auf den beiden letzten Seiten dieses Buches.

Heimsheim im Januar 2014

Walter R. Kaiser

1 Einleitung

1.1 Bernd Stromberg – Westentaschen Fürst

Kennen Sie Bernd Stromberg? Wenn nicht, ist das nicht weiter schlimm und schon gar keine Bildungslücke. *Stromberg* heißt eine Comedy Fernsehserie des TV-Senders Pro 7, die von 2004 bis 2012 ausgestrahlt worden ist. Bernd Stromberg ist darin die Hauptfigur. Er ist vierzig Jahre alt und Abteilungsleiter der Schadensregulierung bei der fiktiven Capitol Versicherung AG, ein egozentrischer selbstgerechter Macho. Er „*tritt nach unten, schleimt nach oben, lügt, baggert, intrigiert und erlaubt sich alles, was seinem obersten Ziel, der persönlichen Machterhaltung, dienlich ist.*"[2] Kollegen und Mitarbeiter sind für ihn nur Mittel zum Zweck.

Als reale Person um das Jahr 1500 in Italien wäre ihm eine politische Karriere durchaus möglich gewesen. *Niccoló Machiavelli*, der Verfasser des Büchleins *Der Fürst*, hätte wahrscheinlich seine wahre Freude an ihm gehabt. *Benedikt von Nursia*, der Gründer des Benediktinerordens, hätte ihn so um das Jahr

---

[2] FOCUS Magazin, Nr. 7 (11.3.2008): Männer, Macht und Machiavelli

500 möglicherweise gar nicht in sein Kloster aufgenommen oder Stromberg wäre wieder rausgeflogen.

Abb. 1: Westentaschen-Fürst Bernd Stromberg
Bernd Stromberg ist eine fiktive Chef-Figur aus einer TV-Sendung. Er ist intrigant, lügt, tritt nach unten und schleimt nach oben. Sein einziges Ziel ist Machterhalt. Hat er Machiavelli gelesen?

Nun ist Bernd Stromberg nur eine fiktive Figur. Seine Eigenschaften und Verhaltensweisen sind satirisch überzeichnet. Doch weil etwas mehr als nur ein Körnchen Wahrheit darin zu erkennen ist, hat die TV-Sendung fast schon Kultstatus erlangt. Es wäre daher zwar interessant, ein psychologisches Profil Strombergs zu erstellen, zu analysieren und zu fragen, ob und wie die betriebliche Realität sich in der Figur widerspiegelt. Doch Stromberg wird sicherlich in einigen Jahren vergessen sein. Nicht so die beiden Personen, auf die wir uns in den folgenden Ausführungen konzentrieren: *Benedikt von Nursia* und *Niccoló Machiavelli.*

1.2 Bedeutung messen

Die Bedeutung von Wissenschaftlern wird heute auch danach beurteilt, wie oft sie mit ihren Publikationen zitiert worden sind. Es ist der Science Citation Index (SCI), der Zitier-Index für wissenschaftliche Publikationen. Man kann daraus grob schließen, wie bedeutsam sie für das entsprechende Fachgebiet sind. Für *Benedikt von Nursia* oder *Niccoló Machiavelli* gilt das nicht. Beide sind schon sehr lange tot. Es gibt aber ein modernes Werkzeug, mit dem man annähernd herausfinden kann, ob und wie intensiv man sich noch mit ihnen beschäftigt: die Internet-Suchmaschine Google.

Gibt man beispielsweise das Begriffspaar „Führung, Benedikt" ein, erhält man 905.000 Treffer[3], bei „Führung, Machiavelli" sind es 737.000 Verweise auf Quellen im Internet. Zum Vergleich: *Peter F. Drucker, der „Hohepriester des Managements"*[4], bringt es mit der gleichen Wortkombination auf nur 444.000 Internet-Links. Der Heilige *Benedikt von Nursia* aus dem Frühmittelalter und der Realpolitiker und Schriftsteller *Niccoló Machiavelli* aus der Renaissance

---

[3] www.google.de, Zugriff 19.10.2013

[4] Jay, A. (1993): Management und Machiavelli, 2. Aufl., S. 13

scheinen den aktuelleren Management- und Füh-
rungstheoretiker *Drucker* aus dem 20. Jahrhundert an
Bedeutung immer noch zu übertreffen.

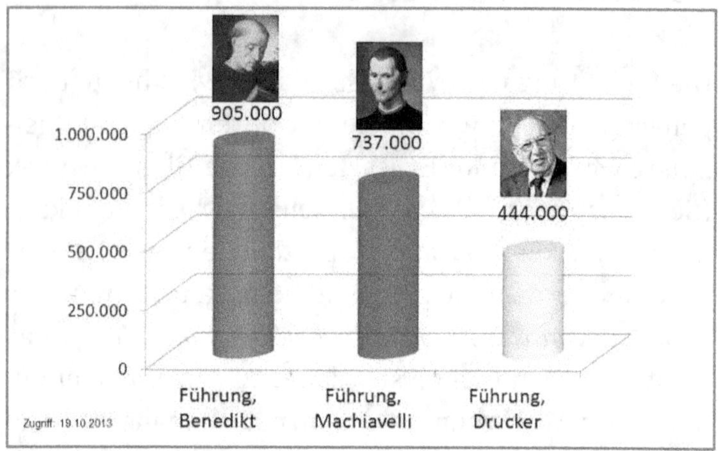

Abb. 2: Anzahl Zitate als Bedeutungs-Indikator
Für wissenschaftliche Publikationen gibt es einen Zitier-Index. Je
häufiger ein Autor zitiert wird, desto bedeutsamer scheint er zu sein.
Treffer bei der Internet-Suchmaschine Google zeigen an, wie
bedeutsam heute noch historische Persönlichkeiten sind.

Sowohl *Benedikt* als auch *Machiavelli* haben
für Führungskräfte ein Vermächtnis hinterlassen. Es
sind die *Benediktusregeln*, die das Leben im Kloster
regeln sollen, und es ist die politische Studie *Der Fürst*,
in der *Machiavelli* einem Mitglied des florentinischen
Medici-Clans Ratschläge erteilen möchte, wie man ein
Fürstentum erfolgreich zu regieren hat.

In diesem Spiel scheinbar offensichtlichen
Gegenätze, klebt bei *Benedikt* das Schild „Der Gute"

und bei *Machiavelli* „Der Böse". Aber wie es eben mit Pauschalurteilen ist, sie geben nur zum Teil den wahren Sachverhalt wieder. Es ist wie mit der Bibel: Ob Brutali oder Softi – jeder findet Textstellen, die ihn in seinem Verhalten bestätigen. Der Brutali mehr im Alten, der Softi mehr im Neuen Testament. Man sucht eben dort seine Rosinen, wo man sie finden will. Dies gilt auch für einige Autoren, die sich mit dem einen oder anderen unserer beiden Kandidaten beschäftigen.

Die folgenden Ausführungen gehen den Fragen nach: a) Wer waren die Beiden? b) In welchem Umfeld haben sie ihre Regeln und Ratschläge erteilt? c) Können sie heute noch Führungskräften etwas bieten? Wir werden uns zuerst mit *Benedikt von Nursia*, dann mit *Niccoló Machiavelli* beschäftigen. Danach vergleichen wir beide Schriften und ziehen daraus einige Folgerungen.

2 Die Methoden des Benedikt von Nursia

Am 18. Mai 1944 endete der verbittert geführte Kampf um den Monte Casino. Das ist ein kleiner Berg zwischen Rom und Neapel, nur 516 Meter hoch. Es begann am 17. Januar 1944 und kostete 20.000 deutschen und 15.000 alliierten Soldaten das Leben. Das Gebäude auf dem Berg wurde dabei fast vollständig zerstört. Es war die zweite Zerstörung. Die erste fand im Jahr 577 statt durch die Langobarden, nur knapp fünfzig Jahre, nachdem der Mönch *Benedikt von Nursia* auf dem Berg im Jahr 529 ein Kloster geründet hatte: die Abtei Monte Cassino, das sogenannte Mutterkloster des Benediktinerordens.

2.1 Wer war dieser Benedikt?

Weshalb ist *Benedikt* nicht in Vergessenheit geraten wie so viele andere ungenannte Mönche seiner Zeit? Leider gibt es nur eine einzige Quelle, aus der man auf die Existenz und das Leben *Benedikts* schließen kann. Es sind Schriften mit dem Titel *Dialoge* von *Papst Gregor I*, genannt der Große. Er lebte von 540 bis 604. Eigentlich sind es keine Biographien sondern Beschreibungen von italienischen Heiligen, durchsetzt mit allerlei Wundern, die diese Heiligen vollbracht haben sollen. Von den vier Bänden der *Dialoge* ist Band II allein *Benedikt* gewidmet.

Geboren wurde *Benedikt* um das Jahr 480 in Nursia (dem heuten Norcia) in einem Ort in Mittelitalien knapp einhundert Kilometer nordöstlich von Rom. Er stammte aus einer bürgerlichen, also Patrizierfamilie. Um das Jahr 500 wurde er zum Studium nach Rom geschickt. Erschüttert durch das sittenlose Treiben in dieser Stadt, entschloss er sich, Rom zu verlassen. Er wanderte nach Subiaco, einem Ort etwa siebzig Kilometer östlich von Rom. Dort zog er sich in eine Höhle zurück, in der er drei Jahre lang selbstgenügsam und nur bekleidet mit einem Fell als Eremit gehaust haben soll.

Abb. 3: Benedikt von Nursia (ca. 480 - 547)

Benedikt von Nursia ist der Begründer des Benediktinerordens. Für das Koster Monte Cassino (Italien) hat er die Benediktusregel verfasst. Sie regeln das mönchische Zusammenleben im Kloster und wie der Abt das Koster zu führen hat. Sie sind Vorbild für viele folgende Klosterregeln und Führungstechniken geworden.

Im Glauben an ein gottgefälliges Leben war er rücksichtslos gegen sich selbst. So schreibt beispielsweise *Gregor der Große* wie *Benedikt* seine sexuellen Neigungen unterdrückt hat: *„Irgendwann hatte er eine Frau gesehen. Durch das Bild ihrer Schönheit hätte die Leidenschaft ihn fast überwältigt und er war nahe daran, die Einsamkeit zu verlassen. Er sah in der Nähe ein dichtes Nessel- und Dornengestrüpp, zog sein Gewand aus und warf sich nackt in die spitzen Dornen und brennenden Nesseln. Lange wälzte er sich darin. Seit dieser Erfahrung war die Versuchung zur sinnlichen Lust überwunden."*[5] Benedikt erhielt dadurch *„die Gabe der endgültigen Keuschheit"*.

Diese Kompromisslosigkeit kostete ihm fast einmal das Leben. Seine Anwesenheit in der Höhle sprach sich nämlich mit der Zeit herum. Als in seiner Umgebung der Abt eines Klosters gestorben war, baten ihn die Mönche, er möge doch ihr neuer Abt werden. Sie wurden jedoch mit ihrer Wahl nicht glücklich. Noch unerfahren in der Leitung einer größeren Gemeinschaft forderte *Benedikt* die strikte Einhaltung der Regeln für ein asketisches Leben, so wie er es selbst praktizierte. *Gregor* berichtet: *„Da gerieten die Brüder, deren Leitung er übernommen hatte, in sinnlose Wut. Deshalb suchten sie nach einer Gelegenheit, ihn umzubringen. Sie berieten einander und misch-*

---

[5] Gregor der Große: Dialoge II, 2, 1-3

ten dann Gift in den Wein." Durch ein Wunder zerbrach *Benedikts* Becher. Der Anschlag misslang.

Benedikt verließ das Kloster und zog sich daraufhin wieder in seine Höhle zurück. Es scharten sich jedoch immer mehr Eremiten um ihn. Daher gründete er in lehrstehenden Gebäuden in der Nähe zwölf kleinere klösterliche Einheiten mit jeweils etwa zwölf Mönchen, deren Abt er wurde. Einem Priester in der Nähe gefielen steigender Erfolg und Einfluss von *Benedikt* überhaupt nicht. Neid und Eifersucht bewegten ihn, *Benedikt* sogenanntes heiliges Brot zu schicken, das allerdings ebenfalls vergiftet war. Auch dieser Anschlag misslang.

Nach zwei Anschlägen auf sein Leben hatte *Benedikt* nun genug. Mit einigen Getreuen verließ er die Gegend für immer und wurde auf dem Berg Monte Cassino um 529 sesshaft, um hier ein Kloster zu gründen. Dort gab es aber ein Heiligtum, das dem Gott Apollo gewidmet war. (Im 19. Jahrhundert hat man festgestellt, dass es Jupiter war.) Er zerstörte das Götterbild, stürzte den Altar um, holzte den heiligen Hein ab und widmete die Gebäude für das Kloster um, dessen Abt er wurde. Hier entstand auch die *Benediktusregel*, mit der wir uns gleich näher beschäftigen werden. Am 31. März 547 ist *Benedikt* im Alter von 67 Jahren gestorben, aufrecht im Gebet, gestützt von zwei Brüdern, wie Papst *Gregor* berichtet.

2.2 Ist Benedikt nur ein Mythos?

So oder ähnlich könnte es gewesen sein – könnte! Denn wie erwähnt, ist die einzige schriftliche Quelle das Buch von Papst *Gregor dem Großen*. Und ob *Gregor* wirklich der Autor dieser *Dialoge* war, wird von einigen Historikern und Theologen ernsthaft bezweifelt. Beispielsweise kommt der Professor für Theologie *Francis Clark (*1919)* in einer akribischen Untersuchung zu dem Schluss, dass diese *Dialoge* eine spätere Fälschung seien. Er begründet dies sehr ausführlich in seinem 1987 erschienen Buch mit dem Titel: *Die pseudo-gregorianischen Dialoge*[6]. Und wenn das Buch *Gregors* eine Fälschung wäre, könnte es mit dem Wahrheitsgehalt auch der Lebensbeschreibung des *Benedikt* nicht weit her sein – so seine Folgerungen, die er mit vielen Details belegt. Zudem erhöhen die vielen Wundergeschichten aus heutiger Sicht nicht gerade deren historische Glaubwürdigkeit.

Auch der Frankfurter Historiker *Johannes Fried* meint, dass es *Benedikt* gar nicht gegeben habe. Er äußerst sich in einem Interview mit der Wochenzeitung *DIE ZEIT*[7] im April 2010 wie folgt: *„Benedikt, die ganze Benedikt-Legende, ist eine Art Implantat im kollektiven Gedächtnis."* Doch *„fortan behauptete die*

---

[6] Clark, F. (1987): The Pseudo-Gregorian Dialogues

[7] Staas, Ch.: Heiliger oder Legende? Benedikt gab es nicht; Interview mit F. Fried in: DIE ZEIT, Nr. 16, 15.4.2010

Kunstfigur Benedikt einen Platz in der Geschichte – so wie ein Herzschrittmacher zum Körper gehört, ohne wirklich Teil des Körpers zu sein." Andere Historiker oder Theologen und natürlich die Benediktiner selbst gehen davon aus, dass *Benedikt* tatsächlich existiert habe. Beispielsweise meint der Benediktiner *Adelbert de Vogüé* in seinem Buch über *Benedikt*, die Angaben Papst *Gregors* seien *„historisch korrekt und geistlich ansprechend".*[8]

Gleichgültig aber ob *Benedikt* nun eine historische oder nur eine fiktive Person ist, er hat ein Vermächtnis hinterlassen: die *Benediktusregel*. Und auch wer bis heute noch nichts von ihr gehört oder gelesen hat, dem ist vielleicht die Aufforderung „Bete und arbeite" (lateinisch: „Ora et labora") bekannt. Doch auch diese Worte werden zwar *Benedikt* zugeschrieben, sollen aber erst im späten Mittelalter aufgetaucht sein. Dennoch bilden sie den Kern der Regeln für das Mönchsleben im Kloster, das sogenannte monastische Leben. Diese Regeln werden heutzutage immer noch von manchen Theologen, Philosophen und Schriftstellern als Vorbild genommen für ein ethisch geführtes Leben und auch für eine sogenannte ethische Führung von Unternehmen.

Doch was ist Ethik? Hier eine Kurzfassung aus dem Internet-Volkslexikon WIKIPEDIA: *„Die allge-*

---

[8] de Vogüé, A. (2006): Benedikt von Nursia. Ein Lebensbild, S. 24

meine Ethik wird heute als eine philosophische Disziplin verstanden, deren Aufgabe es ist, Kriterien für gutes oder schlechtes Handeln und die Bewertung seiner Motive und Folgen aufzustellen."[9] Die hier genannten Begriffe „gut" und „schlecht" sind moralische Begriffe, die sich von Gesellschaft zu Gesellschaft und auch innerhalb einer Gesellschaft im Laufe der Zeit ändern können. Und unter Moral versteht man im allgemeinen Verständnis die Regeln, Normen und Wertesysteme, die für eine Gesellschaft Verhaltensmaßstab sind.

Und damit wird ein Problem deutlich für die Handlungsempfehlungen des *Benedikt von Nursia* und später des *Niccoló Machiavelli.* Man kann sie wahrscheinlich nicht so einfach auf die heutige Zeit übertragen. Vieles was im Mittelalter normal oder üblich war, ist heute nicht mehr akzeptabel. Es wird niemand mehr wegen seines „falschen" Glaubens verbrannt oder wegen geringer Vergehen enthauptet. Ethik und Moral sind eben relativ, immer auch ein Produkt der jeweiligen Zeit. Es ist daher hilfreich, sich auch mit dem historischen Umfeld der jeweiligen Zeit zu beschäftigen.

---

[9] www.wikipedia.de: Ethik, Zugriff 2.1.2013

2.3 Gehirnwäsche der Mönche

Beginnen wir die bei der Betrachtung und Analyse der *Benediktusregel* mit den Prozeduren, aufgrund derer Personen in das Kloster aufgenommen und im Kloster gehalten werden sollen. Nicht jedermann war und ist für klösterliches Leben geeignet. *Benedikt* wollte einigermaßen sicher gehen, dass a) nur geeignete Kandidaten aufgenommen werden und b) diese, wenn sie denn Mönche geworden sind, auch die Ordensregeln gehorsam befolgen.

Nun kann man Menschen kontrollieren, indem man sie bedroht oder durch physische Gewalt zwingt. Doch Psychologen wissen und auch die Alltagserfahrung in Familie und Unternehmen zeigt, dass dies nur solange funktioniert, wie diese Androhungen von Gewalt oder generell von Sanktionen wirken. Zudem muss diese Androhung glaubwürdig sein, also bei Bedarf auch verwirklicht werden können. Länger und dauerhafter bleiben jedoch Verhaltensänderungen, wenn man das Denken der Menschen in die gewünschten Bahnen lenken kann, wenn man es von unerwünschten Gedanken „säubert": Gehirnwäsche.

In einem Lexikon wird Gehirnwäsche allgemeinverständlich so definiert: *„Als ´Gehirnwäsche´ werden psychologische Methoden bezeichnet, die das ´innere Modell´ der Wirklichkeit eines Menschen verändern sollen, insbesondere aber seine Wertvorstellungen. Dabei wird das bisher erlernte Denken und*

Fühlen als schlecht dargestellt und gegebenenfalls bestraft. Zur Anwendung kommen neben rein psychologischen Methoden auch körperliche Züchtigungen oder die Folter, je nachdem, unter welchen äußeren Bedingungen die Gehirnwäsche durchgeführt wird. An die Stelle der verlorenen Werte werden neu eingestellt, deren Befolgung dann ebenso intensiv belohnt wird."[10]

„Gehirnwäsche gewinnt Kontrolle nicht nur darüber, wie Menschen handeln, sondern wie sie denken.

Abb. 4: Gehirnwäsche als Untersuchungsobjekt
Gehirnwäsche (engl. Brainwashing) ist nach Aussage der Neurobiologin Kathleen Tayler das „ultimative Eindringen in die Privatsphäre". Die eigene Identität kann dadurch verloren gehen.

Die US-amerikanische Psychologin und Neurobiologin *Kathleen Tayler* von der Columbia University, New York City, schreibt in ihrem Buch *Brain-*

---

washing, also zu Deutsch Gehirnwäsche: „*Die totale Kontrolle menschlichen Denkens ist im Grunde eine bösartige Idee. Gehirnwäsche ist das ultimative Eindringen in die Privatsphäre: Sie gewinnt Kontrolle nicht nur darüber, wie Menschen handeln sondern wie sie denken. Sie ruft die tief verborgenen Ängste hervor von Freiheitsverlust, ja sogar vom Verlust der eigenen persönlichen Identität.*"[11]

Der Begriff Gehirnwäsche ist relativ neu, nur wenige Jahrzehnte alt. Er wurde 1950 geprägt durch einen Artikel von *Edward Hunter (1902 – 1978)*, einem US-amerikanischen Journalisten und Mitarbeiter des Geheimdienstes CIA[12]. Während des Korea-Krieges (1950 – 1953) hatte man festgestellt, dass einige gefangene und wieder freigelassene Angehörige der US-Armee sozusagen zum Kommunismus konvertiert waren. Sie waren in den Lagern „umerzogen" worden durch körperliche Bedrohungen oder Misshandlungen und manipulative Psychotechniken. Selbst als sie wieder in Freiheit waren und nichts mehr zu befürchten hatten, blieben viele von ihnen überzeugte Vertreter der kommunistischen Ideen. Sie waren sogar bereit, ihr eigenes Land zu verraten.

---

[11] Tayler, K. (2006): Brainwashing. The science of tought control, Seite XII; eigene Übersetzung des Zitats
[12] CIA = Central Intelligence Agency, US-amerikanischer Geheimdienst

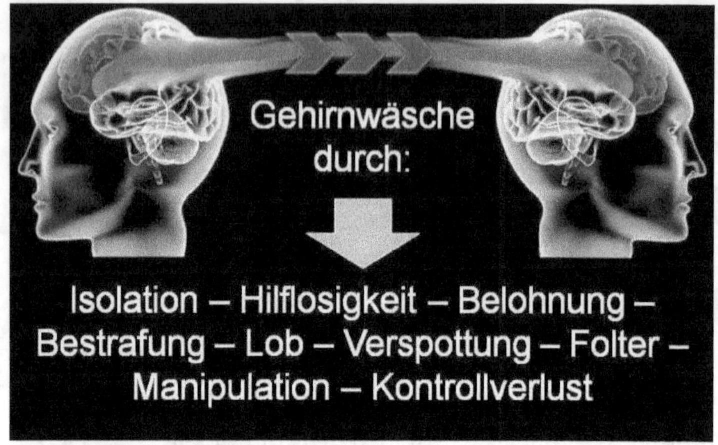

Abb. 5 Gehirnwäsche erkennen

Es gibt einige Merkmale, aufgrund derer man Versuche zur Gehirnwäsche erkennen kann. Wesentlich sind dabei besonders die Isolation der Person, Kontrolle der Information und Bestrafung für „falsches" Verhalten und Reden. Manche Sekten arbeiten so.

Psychologen nennen als wichtige Kriterien einer Gehirnwäsche beispielsweise folgende Merkmale[13]: Die Person wird von bisherigen Informationsquellen abgeschnitten. Neue Informationen werden vom Manipulator kontrolliert. Auch Belohnung für das gewünschte Verhalten und Bestrafung für Fehlverhalten stehen unter dessen Kontrolle. Es besteht ein intensiver persönlicher Kontakt zum Manipulator. Die Person soll sich zudem hilflos und isoliert fühlen. Sie wird aber regelmäßig ernährt. Vorstellungen, Verhal-

---

[13] Zimbardo, P. G. (1983): Lexikon der Psychologie, Seite 614 - 615

ten und Worte aus der Vergangenheit, die nicht mehr erwünscht sind, werden verspottet und unterdrückt.

2.4 Aufnahmeprozedur

Wie sieht das nun mit Blick auf die Eintrittsprozeduren in der *Benediktusregel* aus? Die Aufnahmeprozedur steht in Kapitel 58, also im hinteren Drittel der 73 Einzelregeln und hat die Überschrift: *„Die Ordnung bei der Aufnahme von Brüdern"*. Und gleich der erste Satz lautet (RB[14] 58,1): *„Kommt einer neu und will das klösterliche Leben beginnen, werde ihm der Eintritt nicht leicht gemacht."*

Dem Kandidaten wird erst einmal für vier bis fünf Tage der Eintritt ins Kloster verwehrt. Wenn er sich nicht davon hat abschrecken lassen und (RB 58, 3) *„beharrlich klopft"* darf er für einige Tage als Gast im Kloster wohnen. Ein erfahrener Bruder nimmt ihn unter die Lupe. Er prüft, ob er (RB 58,7*): „Gott sucht"*, *„Eifer hat für den Gottesdienst"*, *„bereit ist zu gehorchen"*, *„fähig ist, Widerwärtiges zu ertragen"*. Wenn der Novize all dies verspricht, darf er zwei Monate bleiben. Nach diesen zwei Monaten wird ihm erstmals die *Benediktusregel* ganz vorgelesen. Dies wiederholt sich weitere zweimal im Abstand von jeweils vier Monaten. Insgesamt hat der Kandidat die Regel nun dreimal gehört. Während dieser Zeit steht der Novize wei-

---

[14] RB = Regula Benedicti (Die Regeln des Heiligen Benedikt)

ter laufend unter Beobachtung. Doch bis hierher hätte der Kandidat das Kloster jederzeit verlassen können. Mit den Worten eines heutigen Personalleiters wäre dies die Probezeit gewesen.

2.5 Das Joch der Regeln

Jetzt aber muss sich der Mönchsanwärter entscheiden. Er weiß, was auf ihn zukommen wird, kann sich später nicht mehr herausreden, nicht mehr das (RB 58, 16) *„Joch der Regel von seinem Nacken abschütteln"*. Es wird eine Aufnahmeurkunde erstellt, nach heutiger Lesart ein Einstellungsvertrag auf Lebenszeit. Es folgt eine Unterwerfungsgeste wie folgt (RB 58,16): *„Dann wirft sich der neue Bruder jedem einzelnen zu Füßen, damit sie für ihn beten."* Sein Eigentum muss er vor der Aufnahme an die Armen verschenken oder dem Koster ganz formell als Schenkung vermachen. Er tauscht seine Kleider gegen die Sachen des Klosters, denn (RB 58,25): *„Von diesem Tag an hat er nicht einmal das Verfügungsrecht über seinen eigenen Leib."*

Noch deutlicher steht es in Kapitel 33 mit dem Titel *Eigenbesitz des Mönches* (RB 33,3): *„Keiner habe etwas als Eigentum, überhaupt nichts ..."* (RB 33,4) *„Den Brüdern ist es ja nicht einmal erlaubt, nach eigener Entscheidung über ihren Leib und ihren Willen zu verfügen."* Doch immerhin steht da auch (RB 33,5): *„Alles Notwendige dürfen sie aber vom Vater des Klos-*

ters erwarten ..." Also ein Verzicht auf persönliche Autonomie mit Vollversorgung als Gegenleistung.

Abb. 6: Absolute Unterordnung bei Mönchen
Benedikt fordert in seinen Regeln die absolute Unterordnung unter die Autorität des Abtes als Vertreter Christi auf Erden. Dem Mönch ist kein persönlicher Besitz erlaubt, und er muss den Anweisungen des Abtes ohne Widerspruch folgen. Dafür gibt es Vollversorgung.

Ein Merkmal der Gehirnwäsche ist, wie wir schon erfahren haben, die Informationskontrolle. Erreichen kann man das auch, indem man den Kontakt zur Außenwelt einschränkt und kontrolliert. Das Kloster soll daher soweit ausgestattet sein, dass die Eigenversorgung des täglichen Bedarfs möglich ist. Denn (RB 66,7): *„So brauchen die Mönche nicht draußen herumzulaufen, denn das ist für sie überhaupt nicht gut."* Und wenn es unumgänglich ist, dass ein Mönch

Aufgaben jenseits der Klostermauern zu erledigen hat, dann ergeht an ihn die Anweisung (RB 67,5): *„Auch nehme sich keiner heraus, einem anderen alles zu erzählen, was er außerhalb des Klosters gesehen und gehört hat, dann das richtet großen Schaden an."*

Informationskontrolle, Unterwerfungsgesten, Besitzentzug, Indoktrination durch Regelwiederholungen, Abschottung gegen die Außenwelt und Versorgung mit dem Lebensnotwendigen: das sind nicht zu übersehende manipulative Psychotechniken, also auch Methoden der Gehirnwäsche. Man wollte auch nicht Hinz und Kunz sondern nur solche Personen, die schon eine gewisse Disposition zu einem Leben in Unterordnung und Gehorsam zeigen. Im Vergleich zu den damaligen Lebensumständen mag dies ein angemessener Preis gewesen sein für ein behütetes und materiell einigermaßen abgesichertes Leben – keinesfalls aber war es ein selbstbestimmtes. Für viele Mönche mag es jedoch ein sozialer Aufstieg gewesen sein. Dennoch: Nach dem Klostereintritt konnten die Mönche nicht mehr (RB 33,4) *„... über ihren Leib und ihren Willen zu verfügen."*

Solche Einstellungsprozeduren sind natürlich nicht mehr auf heutige Verhältnisse in Unternehmen übertragbar. Eine Erkenntnis kann man immerhin daraus ziehen: Nur eine sorgfältige Bewerberauswahl kann gewährleisten, dass man die richtigen Leute einstellt. Ehrlichkeit darüber, was von ihm erwartet wird, lohnt sich und schützt den Bewerber vor Überraschungen. Es wird dadurch auch verhindert, dass die falschen Mitarbeiter ins Unternehmen kommen, durchgefüttert und möglicherweise mit hohen Abfindungen wieder entlassen werden müssen.

Ein sehr bekannter Benediktiner in Deutschland ist Pater *Anselm Grün (*1945)*, ein erfolgreicher Vielschreiber, Autor oder Mitautor von über dreihundert Büchern und auch Vortragsredner. Damit gehört er zu den meistgelesenen spirituellen Autoren. Würde man ihn fragen, ob er sich physisch oder psychisch enteignet fühlt, dann könnte er möglicherweise dem ganz und gar nicht zustimmen. Schließlich, so wäre vielleicht seine Entgegnung, habe er sich ja freiwillig für dieses Leben entschieden. Und zudem müsse man die *Benediktusregel* für die heutige Zeit neu interpretieren. Aber wir betrachten ja nicht die aktuellen Auslegungen und Interpretationen, sondern das Original, so wie es von *Benedikt von Nursia* formuliert worden ist.

2.6 Original oder Kopie?

Heutzutage spielen Klöster für unsere Gesellschaft nur noch eine untergeordnete Rolle. Die Mönche haben erhebliche Nachwuchssorgen. Jedoch sind viele Institutionen immer noch nach klösterlichen Vorbildern organisiert. Der Historiker *Albrecht Diem* meint, dazu gehörten: *„Behörden, Studentenverbindungen, Gefängnisse, historische Fakultäten, Bordelle und zahl-*

lose andere Institutionen."[15] Ein Kriterium bei Klöstern war und ist beispielsweise die strenge Unterscheidung, wer dazu gehört und wer nicht, die Unterscheidung zwischen drinnen und draußen. Denn nur wer dazu gehört, hat Zugriff auf die Ressourcen der Organisation, muss sich aber den Ritualen und der Organisationsdisziplin unterwerfen. Damit wird die Autonomie über die persönliche Zeit reduziert oder ganz aufgehoben.

Klöster wurden gegründet und organisiert, um möglichst dauerhaft zu überleben, sozusagen in alle Ewigkeit oder mindestens bis zum Jüngsten Tag. Es gab Bedrohungen von außen, aber auch von innen, die bewältigt werden mussten. Die inneren Bedrohungen und Risiken versuchte man durch Regeln zu beherrschen, Regeln, an die sich Mönche und später auch Nonnen zu halten hatten.

Solche Regeln waren unabdingbar, denn, so formuliert es *Diem*: „*Gemeinschaften mussten so organisiert werden, dass ihre Mitglieder lebenslang auf eng begrenztem Raum, getrennt von allen verwandtschaftlichen Bindungen, streng reglementiert und produktiv zusammenleben konnten, ohne zu fliehen, depressiv oder wahnsinnig zu werden, ohne sich aufzulehnen oder dem Mitbruder beziehungsweise der Mitschwester den Schädel einzuschlagen.*"[16] Es waren also auch Re-

---

[15] Diem, A. (2005): Das monastische Experiment, S. 1
[16] Diem, A. (2005): Das monastische Experiment, S. 11

geln zur Konfliktvermeidung oder zu deren Lösung, wenn sie dennoch aufgetreten sein sollten.

Regeln für das klösterliche, das sogenannte monastische Leben, gab es schon vor *Benedikt*. Vom 4. bis ins 7. Jahrhundert hatte jedoch fast jedes Kloster seine eigenen. Die waren meist sehr fragmentiert, ohne systematische Gliederung und sie versuchten, möglichst alles zu regeln. Eine der bekanntesten Regeln ist jedoch die sogenannte *Benediktusregel* (*Regula Benedicti, abgekürzt RB*) geworden. Im Gegensatz zu anderen Klosterregeln wurde hier nicht versucht, auch noch das letzte Detail vorzuschreiben. Dem Abt blieb immer noch ein gewisser Spielraum. Dadurch konnte man diese *Benediktusregel* an veränderte Gegebenheiten leichter anzupassen.

Wirklich durchgesetzt hat sie sich erst durch die sogenannte karolingische Klosterreform im Jahr 812, also knapp dreihundert Jahre nach ihrer Niederschrift. Und diese Regel war keineswegs ein Novum, wie eben erwähnt. Sie hatte ein paar Vorläuferinnen. Eine davon war die sogenannte Magisterregel (*Regula Magistri, RM*), die von einem unbekannten Mönch irgendwann im 6. Jahrhundert niedergeschrieben worden ist. Sie ist das umfangreichste und ausführlichste erhaltene Regelwerk. Magisterregel deshalb, weil der Text in Form eines Dialoges zwischen Lehrer (Magister) und Schüler geschrieben worden ist. Über Textanalysen ist man zur Überzeugung gekommen,

dass *Benedikt* einiges aus diesen Regeln abgeschrieben haben muss. Ein Copyright gab es damals nicht.
***

2.7 Führungstechniken des Abtes

Kommen wir zum Chef des Klosters, dem Abt. Er ist nach heutiger Betrachtung vergleichbar mit dem Alleinvorstand des Unternehmens Kloster oder nach US-amerikanischem Verständnis der alleinige CEO, Chief Executive Officer. Allerdings wird der Abt meist einstimmig von der ganzen Gemeinschaft gewählt, also in heutiger Lesart von seinen Mitarbeitern. Jedenfalls war dies ursprünglich der von *Benedikt* vorgesehene Normalfall. Der Abt konnte aber auch durch einen Bischof eingesetzt werden.

2.7.1 Abt als Stellvertreter Christi

Während ein Geschäftsführer, Vorstand oder CEO seine generellen Weisungen von den Eigentümern bekommt, die real auf dieser Welt vorhanden sind, vertritt der Abt (RB 2,2) *„im Kloster die Stelle Christi, wird er doch mit dessen Namen angeredet … Abba, Vater."* (RB 2,4) *„Deshalb darf der Abt nur lehren oder bestimmen und befehlen, was der Weisung des Herrn entspricht."*

Da selbst ein Abt wohl keinen direkten Zugang zu Gott hat, werden die *„Weisungen des Herrn"* aus der

Bibel entnommen. Als eine wichtige Voraussetzung für seine Aufgabe gilt daher (RB 64,9): *„Er muss das göttliche Gesetz genau kennen, damit er Bescheid weiß".* Obwohl der Abt von den Brüdern gewählt werden kann, erhält er seine Legitimation und Autorität dadurch, dass er als Stellvertreter und irdisches Sprachrohr Gottes betrachtet wird.

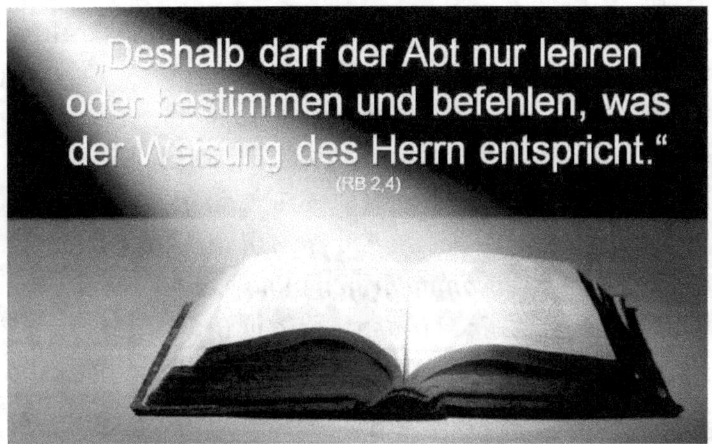

Abb. 7: Bibel als Erkenntnisquelle für den Abt
Auch ein Abt hat keinen direkten Draht zu Gott. Dennoch muss er das „göttliche Gesetz" genau kennen. Die Bibel ist die Quelle dieser Erkenntnis. Die ist allerdings sowohl gespickt mit grausamen (Altes Testament) als auch selbstlosen Regeln und Verhaltensweisen (Neues Testament). Jeder kann dort das finden, was er braucht.

Ein Abt, der lange Reden schwingt, ist nicht gewünscht. Keinesfalls soll er Wasser predigen und selbst Wein trinken. Denn es heißt (RB 2,12): *„Er [also der Abt] mache alles Gute und Heilige mehr durch sein*

Leben als durch sein Reden sichtbar." Der Abt soll also das gewünschte Verhalten vorleben, sichtbares Vorbild sein. Und um einen „Burn-out" des Abtes zu verhindern, lautet eine weitere Empfehlung (RB 64,16): *„Er sei nicht stürmisch und nicht ängstlich, nicht maßlos und nicht engstirnig, nicht eifersüchtig und allzu argwöhnisch, sonst kommt er nicht zur Ruhe."* Dieses ausgewogene Verhalten und die Forderung, Vorbild zu ein, wäre sicherlich auch heutigen Führungskräften noch angemessen.

Nun wird auch berücksichtigt, dass der Abt zwar Vertreter Christi auf Erden ist, aber keineswegs allwissend. Rat ist gefragt (RB 3,1): *„Sooft etwas Wichtiges im Kloster zu behandeln ist, soll der Abt die ganze Gemeinschaft zusammenrufen und selbst darlegen, worum es geht. Er soll den Rat der Brüder anhören."* Also nicht irgendein Vertreter des Abtes, der Abt selbst steht vor seiner Mannschaft, seinen Mitbrüdern. Nachdem beratschlagt worden ist, gibt es jedoch keinen Mehrheitsbeschluss, mit dem die Verantwortung verschoben werden kann. (RB 3,5) *„Vielmehr liegt die Entscheidung im Ermessen des Abtes: Was er für heilsamer hält, darin sollen ihm alle gehorchen."* Es gibt also dann keine weiteren Diskussionen und nachgeschobene Bedenken mehr zu dem betreffenden Thema. Es ist entschieden. Es geht nun widerspruchslos um die Umsetzung.

Die große Runde der Mönche soll nicht immer einberufen werden. Denn (RB 3,12): *„Wenn weniger* *wichtige Angelegenheiten des Klosters zu behandeln sind, soll er [der Abt] nur die Ältesten um Rat fragen."* Benedikt bezieht sich, was die Beratung des Abtes betrifft, auf einen Spruch im Buch *Jesus Sirach (32,24)*, ein Text aus den Apogryphen[17]. Der lautet: *„Tu nichts ohne Rat, so gereuts's dich nicht nach der Tat."*

Die Verantwortlichkeit ist also eindeutig und unmissverständlich geregelt. Der Abt trägt die letzte Verantwortung für alles, was in seinem Kloster geschieht. Denn es heißt (RB 2,7): *„So wisse der Abt: Die Schuld trifft den Hirten, wenn der Hausvater an seinen Schafen zu wenig Ertrag feststellen kann."* Ertrag bedeutet hier sowohl geistiger Ertrag im Sinne des christlichen Glaubens aber auch wirtschaftlicher Ertrag durch die physische Arbeit. „Ora et labora" – „Bete und arbeite", lautet ja das Motto der Benediktiner. Es gilt also auch für das Kloster die heute oft gebrauchte etwas saloppe Redensart: „Der Fisch stinkt vom Kopf her".

Natürlich kann auch ein Abt abgesetzt werden, obwohl er Stellvertreter Christi ist. Geschehen ist das beispielsweise im 16. Jahrhundert im Kloster Maulbronn. Das Kloster, eines der Zisterzienser allerdings, wurde von einem Abt namens *Eisenfuß* geleitet. Über seine religiös-geistigen Eigenschaften ist wenig bekannt. Doch überliefert ist, dass er nicht besonders

---

[17] Apogryphen = alte christliche Texte, die nicht in den Kanon der Bibel aufgenommen worden sind

gut mit dem Geld des Klosters umgehen konnte. Er wurde wegen Verschwendung abgesetzt. Als letzte Rettung soll er den Mythen umrankten *Doktor Faustus* angestellt haben, damit der in seiner Alchemistenküche aus unedlem Metall Gold herstellt. Was natürlich misslungen ist.

2.7.2 Das Klostermanagement

Wenn die Klostergemeinschaft recht klein ist, kümmert sich der Abt um fast alles. Er delegiert im Bedarfsfall Aufgaben direkt an seine Mitbrüder. Man könnte es vergleichen mit einem kleinen Handwerksbetrieb. Nimmt die Mönchszahl zu, zieht der Abt zwischen sich und den einfachen Mönchen eine Führungsebene ein.

Da gibt es einmal den Prior. Er ist der Stellvertreter des Abtes und, so würde man heute sagen, streng weisungsgebunden. Denn (RB 65,16): *„Er tue nichts gegen den Willen oder die Anordnung des Abtes."* Dennoch kann es vorkommen, dass der Prior sich als zweiter Abt fühlt, (RB 65,2) *„vom bösen Geist des Stolzes aufgebläht".* Wenn dies eintreten sollte (RB 65,9) *„laufen auch ihre Untergebenen ins Verderben, wenn sie den Parteien schmeicheln".* Das tritt oft dann auf, wenn der Abt nicht gewählt, sondern von einem Bischof ausgewählt und eingesetzt worden ist und dieser Bischof auch den Prior beruft, um vielleicht den Abt über den Prior auszuspionieren und zu kontrollieren.

Als Problemlösung wird hier folgendes empfohlen
(RB 65,11): Es ist *„angebracht, dass der Abt die Ämter
in seinem Kloster nach eigenem Ermessen besetzt."* Auf
heutige Verhältnisse angewandt bedeutet dies, dass
Eigentümer oder Aufsichtsgremien sich aus Personalentscheidungen unterhalb der Ebene Geschäftsführer
oder Vorstand möglichst heraushalten sollten.

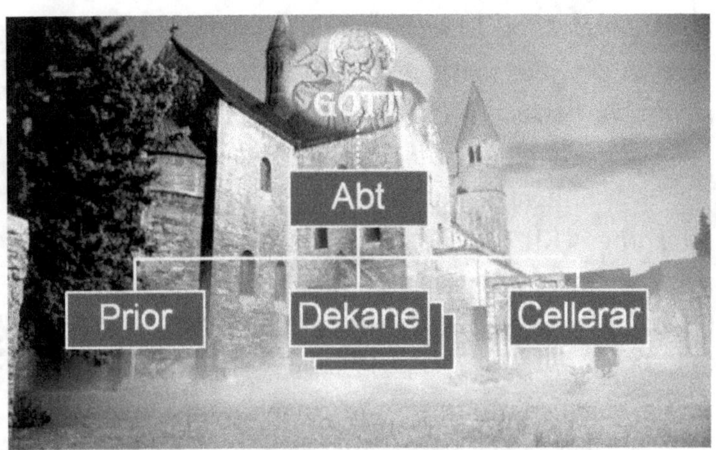

Abb. 8: Organisation des Kloster-Managements
Benedikt hat in seinen Regeln die prinzipielle Struktur des
Klostermanagements festgelegt. Der Prior ist sein Stellvertreter, der
Cellerar kümmert sich um die Finanzen und die Infrastruktur. Die
Dekane leiten Gruppen von etwa zwölf Mönchen. Bei Verfehlungen
gibt es auch im Kloster disziplinarische Maßnahmen von der
Ermahnung bis hin zum Ausschluss aus dem Kloster.

Dann gibt es noch die Dekane. Es sind sozusagen die Abteilungsleiter des Klosters und Verantwortlich für die Führung einer Gruppe von etwa zehn

Brüdern. Dekane sind dem Abt direkt unterstellt. Als wichtiges Auswahlkriterien gilt (RB 20,21): *„Als Dekane sollen nur solche ausgewählt werden, mit denen der Abt seine Last unbesorgt teilen kann."* Sie müssen also vertrauenswürdig und dem Abt gegenüber unbedingt loyal sein. Doch auch ein Abt kann bei der Auswahl daneben greifen. Es gibt dann Eskalationsstufen bis hin zur Absetzung. So heißt es (RB 21,5): *„Wenn einer der Dekane Tadel verdient, ... werde er einmal, ein zweites und ein drittes Mal zurechtgewiesen; wenn er sich nicht bessern will, wird er abgesetzt, und ein anderer, der geeignet ist, soll an seine Stelle treten."*

Ähnliches gilt auch für den Prior. Der wird allerdings (RB 65,18) *„bis zu viermal mit Worten zurechtgewiesen"*. Bessert er sich auch nach weiteren Disziplinierungsmaßnahmen nicht (RB 65,20*) „werde er seines Amtes als Prior enthoben"*. Und ist er danach immer noch aufmüpfig und ungehorsam, dann (RB 65,21) *„werde er sogar aus dem Kloster gestoßen"*. *Benedikt* formuliert es an anderer Stelle noch bildhaft deutlicher (RB 28,8): *„Ein räudiges Schaf soll nicht die ganze Herde anstecken."*

Unendliche Geduld und die Augen verschließen vor dem Fehlverhalten auch von Führungskräften gehören bei der Personalführung des Abtes also nicht zu den empfohlenen Tugenden. Konsequente Abmahnungen bis zur Entlassung gibt es damit schon im Kloster der Benediktiner. Feigheit in der Personalführung, sich drücken vor unangenehmen Personalentscheidungen ist nicht erwünscht.

Eine Funktion unterhalb des Abtes darf nicht unerwähnt bleiben: der Cellerar. Man könnte ihn etwa gleichsetzen mit einem Leiter des Finanz- und Rechnungswesen, dem auch das Facility Management untersteht, also die Verwaltung der Gebäude. Er sorgt dafür, dass die Infrastruktur des Klosters funktioniert. Er verwaltet das Sach- und Geldvermögen sowie die Gerätetechnik einschließlich der heiligen Altargeräte. Er ist zuständig dafür, dass die Mönche in der Klosterkantine, dem Refektorium, genügend auf den Esstisch bekommen und auch nicht in Lumpen herumlaufen müssen. Ihm ist zusätzlich die klösterliche medizinische Abteilung zugeordnet. Er soll, wie es heißt, (RB 31,1) *„reifen Charakters"*, *„weise"*, *„nüchtern"*, und *„nicht verschwenderisch sein"*. Natürlich kann der Cellerar Aufgaben an geeignete Brüder weiter delegieren.

Und wenn er einmal den Bitten eines seiner Brüder nicht nachkommen kann oder will, (RB 31,13) *„dann schenke er ihm wenigstens ein gutes Wort"*. Denn, so würde man heute sagen, eine allzu schroffe unbegründete Ablehnung wirkt sich negativ auf die Motivation des Mitarbeiters aus. Sowohl was die Charaktereigenschaften betrifft als auch die Behandlung der Mitbrüder, könnte der Cellerer auch heute als Vorbild für Führungskräfte dienen.

2.8 Mönch als disziplinierter Klostermitarbeiter

Benedikt hatte wohl erkannt, dass Herumlungern und Langeweile für die klösterliche Disziplin nicht förderlich sein können. Disziplin und Selbstdisziplin ist erforderlich, wenn viele Menschen auf engen Raum zusammenleben müssen. Daher schreibt er auch (RB 48,1): *„Müßiggang ist der Seele Feind. Deshalb sollen die Brüder zu bestimmten Zeiten mit Handarbeit, zu bestimmten Stunden mit heiliger Lesung beschäftigt sein.“*

2.8.1 Beten und arbeiten

Einmal in der Nacht und siebenmal am Tag wird gemeinsam gebetet. Es beginnt um 2 Uhr 30 mit der „Vigil“. Die „Laudes“ folgt bei Morgenröte. Dann folgt bei Sonnenaufgang die „Prim“. Anschließend im Abstand von drei Stunden „Terz“ am Morgen, „Sext“ am Mittag und „Non“ am Nachmittag. Die „Vesper“ beendet den Tag und mit der „Komplet“ beginnt die Nacht. Die Gebetszeiten sind alle ähnlich strukturiert: Hören, Rezitieren von Psalmen und dazwischen Innehalten zum persönlichen Gebet. Auch über das Jahr ist festgelegt, wann welche Lesungen und Rituale durchzuführen sind. Wegen angeblich wichtiger Tätigkeiten dem Gebet fernbleiben, kommt nicht infrage, denn

(RB 43,3): *„Dem Gottesdienst soll nichts vorgezogen werden."*

Auch was die Arbeit betrifft, kann sich kein Bruder herausreden, dass etwas nicht zu seinem Aufgabenbereich gehöre. Es gilt (RB 53,19): *„Wer Hilfe braucht, soll sie erhalten; wer jedoch frei ist, übernehme gehorsam jeden Auftrag."*

Abb. 9 Ora et labora - beten und arbeiten
Zu Zeiten Benedikts waren Klöster sich selbst versorgende Einheiten. Sowohl geistige Arbeit (Gebete, Studium Bibel) als auch körperliche gehörte zu den Aufgaben der Mönche. Der Tagesverlauf war streng geregelt. Beten hatte immer Vorrang. Müßiggang wurde vermieden.

Drückebergerei oder gar Arbeitsverweigerung waren also nicht angesagt, schon gar nicht die heutzutage nicht selben gebrauchte Ausrede, dass etwas laut Arbeitsvertrag nicht zum eigenen Aufgabenbereich gehöre. Dann heißt es bei *Benedikt* zudem auch (RB

41

43,18): *„Keiner darf sich herausnehmen, vor oder nach der festgesetzten Zeit eigenmächtig etwas zu essen oder zu trinken."* Man könnte das durchaus auch im Sinne einer strengen klösterlichen Pausenregelung interpretieren.

Nun sind Mönche auch fehlbare Menschen. Fehler bei der handwerklichen Arbeit können vorkommen. Wenn einem Bruder jedoch ein Fehler passiert ist und er versucht, ihn vor anderen zu verbergen, muss er mit unangenehmen Konsequenzen rechnen. Denn (RB 46,1-4): *„Wenn jemand bei irgendeiner Arbeit ... einen Fehler macht und nicht unverzüglich kommt, ... um seinen Fehler zu bekennen, sondern wenn der Fehler durch einen anderen bekannt wird, dann treffe ihn eine schwere Strafe."*

2.8.2 Verfehlungen und Strafe

Die eben erwähnten Fehler liegen im sachlich-objektiven Bereich. Sogenannte Verfehlungen (RB 23,1-5) liegen im Verhaltensbereich, wie: Trotz, Ungehorsam, Hochmut, Murren. In solchen Fällen wird der Mönch von seinem Vorgesetzten zuerst zweimal unter vier Augen ermahnt. Er wird also nicht gleich von seinen Mitbrüdern heruntergeputzt. Bessert er sich nicht, wird er jedoch öffentlich zurechtgewiesen. Hilft auch das immer noch nicht, wird er zeitweise vom gemeinsamen Essen oder Gebet ausgeschlossen. Und fruchtet auch das nicht, gibt es eine „*körperliche Strafe*", also Prügel, Rutenschläge.

Der unbelehrbare und uneinsichtige Wiederholungstäter riskiert, dass er sogar aus dem Koster ausgeschossen wird. Die Anweisung *Benedikts* ist eindeutig (RB 28,6): „*Wenn er [gemeint ist der uneinsichtige Bruder] sich aber auch so nicht heilen lässt, dann erst setzt der Abt das Messer zum Abschneiden an.*" *Benedikt* begründet seine Regel mit einem Bibelzitat (1. Korinther 5,13) das lautet: „*Verstoßt den Bösen aus eurer Mitte*". Also auch von Seiten des Klosters kann einem widerborstigen Mönch außerordentlich gekündigt werden.

Es gibt in der *Benediktusregel* noch ein paar weitere Feinheiten, mit denen widerspenstige Mönche wieder auf Linie gebracht werden sollen. Ist beispielsweise einer wegen eines schweren Vergehens vom gemeinsamen Essen und Gottesdienst ausgeschlossen worden, dann hat er sich vor der Tür des Oratoriums, des Gebetshauses, auf den Boden zu werfen und zwar (RB 44,1): „*Ohne etwas zu sagen, mit dem Gesicht zur Erde soll er dort zu Füßen aller liegen, die aus dem Oratorium kommen.*" Selbst wenn der Abt meint, dass es genug sei, muss er sich zu den Gebetszeiten noch an seinem Platz auf den Boden werfen. Öffentliche Demütigung und soziale Ausgrenzung sind also Disziplinierungsinstrumente für uneinsichtige Mönche.

Selbst wenn in der klösterlichen Gemeinde Fehler oder Verfehlungen nicht entdeckt werden und der Bruder sie auch nicht bekennt, bleibt die ultimative Kontrolle durch die höchstmögliche Instanz. Denn (RB 7,13): *„Gott blickt vom Himmel zu jeder Stunde auf ihn [also den Menschen, den Mönch] und sieht an jedem Ort sein Tun."* Und (RB 7,15): *„Der Herr kennt die Gedanken der Menschen".* Zumindest das schlechte Gewissen bleibt dem Mönch und die Angst vor dem Jüngsten Gericht und möglichen ewigen Höllenqualen. Auch dadurch soll eine permanente Gedanken-und Verhaltens Kontrolle erreicht werden.

Abb. 10: ER sieht alles

Die Mönche sollen sich gegenseitig unterstützen und kontrollieren. Wenn Verfehlungen unentdeckt bleiben, hat der betreffende Mönch ein schlechtes Gewissen und die Furcht für Bestrafung am Jüngsten Tag. Auch unerwünschte und schlechte Gedanken werden entdeckt, denn: „Der Herr kennt die Gedanken der Menschen".

44

Damit so etwas möglichst nicht passiert, lernt er die zwölf Stufen der Demut (RB 7,1-70). Die ersten drei lauten: Gottesfurcht, Verzicht auf eigenen Willen, Gehorsam gegenüber den Oberen. Und in der letzten, der zwölften Stufe wird eine demütige Körperhaltung verlangt, also (RB 7,63) *„Haupt immer geneigt und den Blick zu Boden gesenkt"*.

Allerdings darf es sich der Abt nicht zu leicht machen mit ungehorsamen Brüdern. Er steht bis zuletzt in der Pflicht, sich um die verfehlenden Brüder besonders zu kümmern. Denn (RB 27,5): *„Der Abt muss sich sehr darum sorgen und mit Gespür und großem Eifer danach streben, dass er keines der ihm anvertrauten Schafe verliert"*. Auch ältere Brüder sollen dabei mithelfen, den Betroffenen trösten und zur Buse und Demut bewegen. So schnell wird also keiner aufgegeben.

Solche Bestrafungen für Fehler und Verfehlungen kann man sicherlich bei Mitarbeitern in Unternehmen heutzutage nicht mehr als Mittel zur Disziplinierung anwenden. Wenn auch öffentliche Demütigungen von Mitarbeitern und soziale Ausgrenzung inoffiziell immer noch vorkommen. Man denke nur, dass jemand nicht mehr zu Besprechungen eingeladen wird, an denen er bisher teilnehmen musste oder konnte; oder daran, dass er aus einem Verteiler für Dokumente oder eMails entfernt worden ist; oder dass Kollegen und Vorgesetzte nicht mehr grüßen und sich in der Kantine an einen anderen Tisch setzen;

oder dass er vor Kollegen und Mitarbeitern wegen Fehlern von seinem Chef bloßgestellt wird.

Eines ist jedoch offensichtlich: Einhaltung von Arbeitszeit- und Pausenregelungen, disziplinierte Arbeit, Gehorsam gegenüber Vorgesetzten, Akzeptanz und willige Unterordnung unter betriebliche Regelungen sind kaum vorstellbar ohne die Vorbereitung dieser Verhaltensweisen in den christlichen Klöstern. Der Soziologe und Sozialökonom *Max Weber (1864-1920)* ist überzeugt, dass diese Tugenden den Kapitalismus mit vorbereitet haben. Er schrieb 1904 in seiner soziologischen Studie mit den Titel *Die protestantische Ethik und der Geist des Kapitalismus: „Denn indem die Askese aus den Mönchszellen heraus in das Berufsleben übertragen wurde und die innerweltliche Sittlichkeit zu beherrschen begann, half sie an ihrem Teil mit daran, jenen mächtigen Kosmos der modernen ... Wirtschaftsordnung [zu] erbauen, der heute den Lebensstil aller Einzelnen ... mit übermächtigem Zwang bestimmt,"* und er fügt noch hinzu *„ ... bis der letzte Zentner fossilen Brennstoffs verglüht ist."*[18]

Mit anderen Worten: Klöster deren interne Organisation waren auch Wegbereiter der heutigen Arbeitsmoral und Arbeitsdisziplin, ihre Organisation ist Vorbild für die Organisation von Wirtschaftsunternehmen und Verwaltungen geworden.

---

[18] Weber, M. (2005 [1904]): Die protestantische Ethik und der Geist des Kapitalismus, S. 159

3 Die Methoden des Niccoló Machiavelli

3.1 Wer war dieser Machiavelli?

Wir machen nun einen Zeitsprung von eintausend Jahren vom Italien des Jahres 500 in das Jahr 1500. Es ist die Zeit des *Leonardo da Vinci (1452-1519)* und des *Michelangelo Buonarotti (1475 – 1564)*. Es ist die Zeit der italienischen Renaissance. Italien ist politisch zerklüftet in viele kleine Staaten. Dennoch war die Situation für lange Zeit einigermaßen stabil. Es gab größere Einheiten wie etwa Mailand, Venedig, Florenz, Siena und den Kirchenstaat, die sich gegenseitig in Schach hielten. Sie achteten sorgfältig darauf, dass ein anderer sich keinen der kleineren Fürstentümer unter den Nagel riss. So waren auch die kleinen Stadtrepubliken meist vor Übergriffen sicher – zumindest zeitweise.

Man hatte nicht immer ein stehendes eigenes Heer. Das war äußerst kostspielig. Es wurden deshalb bei Bedarf Söldnerheere angeheuert, die von einem *Condottiere* geführt wurden. Zu diesen *Condottiere* gehörten oft auch die Fürsten der kleineren Staaten. Sie ließen sich von den größeren gegen ordentliche Bezahlung anheuern. Doch die *Condottiere* waren nicht immer zuverlässig. Die kämpften für den, der am besten bezahlte, aber natürlich nicht immer bis aufs

Blut. Schließlich wollte man ja seine Leute, das Kapital der *Condottiere*, nicht in einer Schlacht aufreiben. Irgendwann kamen einige Fürsten auch auf die Idee, außerhalb Italiens Verbündete zu suchen: in Frankreich oder Spanien. Und diese Verbündeten gingen teilweise nicht zimperlich mit der Bevölkerung um, wenn sie ihre Streitkräfte versorgen mussten. Intrigen, Mord, Verbannungen, Folter, teilweise erhöhte Kriminalität waren auch im normalen Leben an der Tagesordnung. Dies war das Umfeld, in dem ein gewisser *Niccoló Machiavelli* groß wurde, lebte und arbeitete.

Abb. 11: Politisch zersplittertes Italien um 1500

Italien um 1500 war ein Flickenteppich kleiner und größerer Fürstentümer. Gegenseitige Kriege kamen häufig vor. Ausländische Machte wie Spanien oder Frankreich wurden oft zur Hilfe gerufen. Machiavelli wollte ein geeinigtes Italien. Dazu brauchte es seiner Meinung nach einen starken und auch skrupellosen Fürsten.

Während man bei *Benedikt von Nursia* nur schriftliche Informationen aus dritter Hand hat, durchsetzt mit Wundern und idealisierenden Charaktereigenschaften, gibt es von *Machiavelli* sehr viele Originaldokumente. Dieser *Machiavelli* schrieb am 10. Dezember 1513 einen längeren Brief an *Francesco Vettori*, seines Zeichens Botschafter der Republik Florenz in Rom. *Machiavelli*, er war jetzt 44 Jahre alt, hatte eine Studie verfasst darüber, *„was Herrschaft ist, welche Arten es davon gibt, wie man sie erwirbt und erhält und warum man sie verliert."*[19] Er hat den Text innerhalb von nur sechs Monaten zusammengeschrieben, auf seinem kleinen Landsitz etwa fünfzehn Kilometer südwestlich von Florenz. Dorthin hatte er sich zurückgezogen mit Frau und Kindern, nachdem er seine politischen Ämter verloren hatte. In Wohlstand lebte *Machiavelli* nicht.

Er möchte das Buch einem Mitglied des reichen Familienclans der *Medici* widmen in der Hoffnung, dass er wieder eine gut bezahlte Stelle erhält. Er redet nicht darum herum, sondern schreibt: *„Es zu widmen drängt mich auch die Notlage, die mich verfolgt, denn ich verzehre mich, und lange kann ich so nicht bleiben, ohne durch Armut verächtlich zu wirken. Ich wünschte, dass diese Medicis mich langsam anstellten …".*[20] Wie kam es dazu? Wer war *Machiavelli*, des-

---

[19] Machiavelli, N. (2001 [1513]): Der Fürst, S. 12
[20] Machiavelli, N. (2001 [1513]): Der Fürst, S. 13

sen Name bei oberflächlicher Betrachtung zu einem Synonym für rücksichtslosen Machtgebrauch und Skrupellosigkeit geworden ist?

Ein Blick auf ein paar Eckdaten seines Lebens: Geboren wurde *Machiavelli* am 3. Mai 1469 in Florenz. Sein Vater war Anwalt, leider kein besonders erfolgreicher. Dennoch ließ er *Machiavelli* durch Privatlehrer unterrichten. Am 15. Juni 1498 wird *Niccoló Machiavelli* mit 29 Jahren Sekretär und Vorsteher der sogenannten Zweiten Staatskanzlei in Florenz. Kurz vorher, im Mai des gleichen Jahres, war der Dominikanermönch und Bußprediger *Girolamo Savonarola (1542 – 1498)* zuerst gehängt und dann verbrannt worden. Er war vier Jahre lang praktisch informeller Herrscher in Florenz gewesen. Die Verwaltungen wurden nach seinem Tod von seinen Anhängern gesäubert. Dadurch war die Stelle frei geworden, um die sich *Machiavelli* erfolgreich beworben hatte. Des einen Freud – des anderen Leid!

Zuständig war *Machiavelli* für Außen- und Verteidigungspolitik. *Machiavelli* schien ein geschickter Gesprächs- und Verhandlungspartner gewesen zu sein. Seine Missionen waren sehr vielfältig und führten ihn in verschiedene Länder zu Papst, Kaiser und Königen. Er traf bei Missionen im Vatikan auch auf seinen heute noch ebenso berühmteren Zeitgenossen, das Universalgenie *Leonarda da Vinci (1452 – 1519)*.

Abb. 12: Niccoló Machiavelli (1469 – 1527)

Machiavelli erhielt seine Ausbildung durch Privatlehrer. Nach einer politischen Säuberungswelle wurde er politischer Beamter in Florenz. In dieser Funktion führet er viele diplomatische Missionen durch, dokumentiert durch umfangreichen Schriftverkehr. Das Buch „Der Fürst" ist so etwas wie eine Zusammenfassung seiner Erkenntnisse.

Im Jahr 1512 kehrten die *Medicis* nach Florenz zurück, aus dem sie vor Jahren vertrieben worden waren. *Machiavelli* wurde denunziert. Er stand auf einer Liste möglicher Verschwörer gegen die *Medici*. Man unterstellte ihm, dass er gegen die *Medici* gearbeitet habe. Er wurde inhaftiert, gefoltert und nur durch einen Gnadenakt wieder freigelassen. Doch er war natürlich nun alle seine Ämter los. Das war auch der Grund, weshalb er sich 1513 unfreiwillig auf seinen Landsitz zurückgezogen hat. Die folgenden Jahre bemühte er sich, wieder rehabilitiert zu werden. Er wollte in öffentliche Ämter zurück. Das gelang ihm aber nicht mehr in dem Umfang, wie es vorher war.

3.2 Das anstößige Buch vom Fürsten

Mit dem Buch *Der Fürst* hoffte er, einen Förderer zu finden. Veröffentlicht und damit allgemein zugänglich wurde es jedoch erst nach seinen Tod im Jahr 1532. Vorher gab es nur ein paar handschriftliche Kopien. Gewidmet hatte *Machiavelli* sein Buch ursprünglich *Giuliano de´ Medici (1479 – 1516)*. Als jedoch dessen Neffe *Lorenzo de´ Medici (1492 – 1519)* ab August 1513 als dessen Vertreter nach Florenz kam, widmete *Machiavelli* sein Buch auf diese Person um. Er möchte, so schrieb er, *Lorenzo de´ Medici* in den Stand setzen *„in kurzer Frist all das zu erfassen, was ich in vielen Jahren und unter so vielen Mühen und Fährnissen erfahren habe."* Deshalb sei sein Buch auch *„nicht ausgeschmückt ... oder mit anderen Reizen und äußerem Zierrat aufgeputzt."*[21]

Das Buch umfasst daher auch in einer aktuellen kleinformatigen Ausgabe (12x18 cm) nur etwas über hundert Seiten. Geholfen hatte es *Machiavelli* nur bedingt. Dennoch ist er besonders durch dieses Buch bis heute deutlicher in Erinnerung geblieben, als mancher der damaligen *Medicis*. *Der Fürst* gehört, neben der Bibel, zu den meist übersetzten Büchern der Welt.

---

[21] Machiavelli, N.: Der Fürst, 1513 [2001], S. 17

Der Schock, den dieses Buch ausgelöst hat, war, so der Historiker *Volker Reinhardt,* *„umso größer, als die harten Aussagen zum Menschen und zur Politik durch keinerlei Ausdrücke des Bedauerns abgemildert werden.“*[22]

Machiavelli hat auch noch weitere Bücher geschrieben, die nicht die gleiche große Aufmerksamkeit gefunden haben. Beispielsweise gibt es ein Buch über die ideale Republik, einige Gedichte und auch Komödien, in denen er seine Überzeugungen ironisch bis zynisch einem breiten Publikum nahe brachte. Er starb am 22. Juni 1527 im Alter von 58 Jahren in Florenz. Rückblickend ist man der Überzeugung, dass *Machiavelli* mit dieser und weiteren Schriften die moderne politische Theorie begründet habe.

Das Urteil der Historiker ist zwiespältig, jedenfalls voller gegensätzlicher Zuschreibungen was den Charakter und die Tätigkeit *Machiavellis* betrifft. Beispielsweise nennt der Historiker *Volker Reinhardt* in seiner 2012 erschienen *Machiavelli* Biographie ihn einen: *zweitklassigen Diplomaten, Exzentriker, Sonderling, Tabubrecher, Zyniker, Idealisten, Psychologe, Spion, notorischen Systemkritiker und intellektuellen Hofnarren der Mächtigen;* aber auch: *einen brillanten intellektuellen Außenseiter, Aufdecker politischer Machenschaften* und jemanden, der den Mut hatte,

---

[22] Reinhardt, V. (2013): Machiavelli oder Die Kunst der Macht, S. 261

den Menschen verhasste Wahrheiten zu sagen. Für *Machiavelli* sei, so *Reinhard, „an die Stelle der moralischen Kategorien Gut oder Böse eine neue Alternative getreten: Erfolg oder Misserfolg".[23]* Damit hat vielleicht *Machiavelli* schon vor fünfhundert Jahren unbewusst das Credo des modernen Kapitalismus formuliert.

3.3 Die Welt ist voller Pöbel

Das Menschenbild *Machiavellis* ist, sehr moderat ausgedrückt, nicht gerade positiv. Und nur auf diesem Hintergrund und der damaligen politischen Situation kann man die folgenden Verhaltens- und Handlungsempfehlungen aus *Der Fürst* verstehen und einordnen. So lautet sein generelles Urteil über die Menschen (S. 83)[24]: *„Denn man kann von den Menschen insgemein sagen, dass sie undankbar, wankelmütig, falsch, feig in Gefahren und gewinnsüchtig sind."* Und etwas weiter im Text schreibt er (S. 87): *„die Menschen sind so einfältig ... dass der, welcher sie hintergeht, stets solche findet, die sich betrügen lassen."* Und nur wenige Seiten danach steht (S. 89): *„Denn der Pöbel hält es stets mit dem Schein und dem Ausgang einer Sache; und die Welt ist voller Pöbel."* Es wundert

---

[23] Reinhardt, V. (2012): Machiavelli oder Die Kunst der Macht, S. 255

[24] Die folgenden Seitenangaben beziehen sich auf die Ausgabe von *Der Fürst* des Insel Verlages, 2001, 1. Auflage

also nicht, wenn er dem Fürsten generell empfiehlt, nicht auf diesen Pöbel zu bauen, sondern (S. 85) *„sich auf das [zu] verlassen, was von ihm [also dem Fürsten] abhängt.“*

Abb. 13: Machiavellis pessimistisches Menschenbild
Machiavelli betrachtet die Menschen ausgestattet mit „tierischen" Trieben. Sie suchten nur den Eigennutz. Erst durch Gesetze und deren strikte Durchsetzung sei ein gedeihliches Staatswesen möglich. Die Menschen müssten zur Kooperation gezwungen werden.

Betrachten und analysieren wir nun Aussagen aus den sechsundzwanzig Kapital seines Buches. Die tragen Überschriften wie: *I Von den Arten der Herrschaft und die Mittel sie zu erlangen; VIII Von denen, welche durch Verbrechen zur Herrschaft gelangt sind; XVI Von der Freigebigkeit und Knauserei; XVIII Inwiefern die Fürsten ihr Wort halten sollen; XXIII Wie Schmeichler zu fliehen sind.* Es wird versucht, die

Anleitungen aus *Machiavellis* Schrift, auf Führungssituationen in heutigen Unternehmen zu übertragen.

Zuerst kann man festhalten, dass die Person des Fürsten am nächsten einem Eigentümer-Unternehmer kommt, also einem geschäftsführenden Gesellschafter in einer GmbH oder einem Vorstand einer nicht börsennotierten Aktiengesellschaft mit schwachem Aufsichtsrat. Denn in *Machiavellis* Ausführungen muss der Fürst, wenn es schief geht, alle Konsequenzen tragen, bis hin zu Verbannung und Tod. Wenn es bei Familienunternehmen daneben geht, folgt nicht selten der ökonomische Tod. Verglichen mit einem Eigentümer-Unternehmer ist der Fürst aber nur seinem eigenen Gewissen beziehungsweise seiner eigenen Moral verantwortlich – was immer er unter dieser Moral versteht. Die Anleitungen *Machiavellis* könnten, wenn man einige Punkte isoliert herauspickt, natürlich auch für den Boss eines Mafia-Clans gelten und auch für Diktatoren, wie man sie heute noch in einigen afrikanischen Entwicklungsländern findet – und nicht nur dort.

3.4 Schein, Sein und Sündenbock

Machiavelli macht einen deutlichen Unterschied, wie ein Fürst einerseits scheinen und anderseits handeln sollte. Den Schein, also das richtige Image, hält er für das Regierungsgeschäft äußerst wichtig. So nennt er fünf Eigenschaften, die man zumindest dem Anschein nach haben sollte (S. 88): *„Alles was man von ihm [also dem Fürsten] sieht und hört, muss Mitleid, Treue, Menschlichkeit, Redlichkeit und Frömmigkeit ausstrahlen. ... Jeder sieht, was du scheinst, wenige fühlen, was du bist. (S. 89) Denn der Pöbel hält es stets mit dem Schein ..."* Man müsse aber, so *Machiavelli*, diese Eigenschaften gar nicht haben. (S. 88) *„Ja ich wage zu sagen, dass es sehr schädlich ist, sie zu besitzen und sie stets zu beachten."* Daher muss man *„ zwar nicht vom Guten lassen, wo es möglich ist, aber auch das Böse tun, wenn es sein muss."*

Er nennt dann auch noch Verhaltensweisen, die vermieden werden sollten (S. 90): *„Verächtlich wird der, welcher für wankelmütig, leichtsinnig, weibisch, feig und unentschlossen gilt; davor muss ein Fürst sich hüten ..."*

Doch diese Gratwanderung zwischen Sein und Schein gelingt nicht jedem, denn (S. 87) *„es ist nötig, dass man diese Natur geschickt zu verhehlen versteht und in der Verstellung und Falschheit ein Meister ist."* Von wegen also persönliche Integrität zeigen und Offenheit sowie Ehrlichkeit in der Kommunikation mit Mitarbeitern oder Kollegen, wie es heute für die Führungskräften zumindest in der Management-Literatur gefordert wird. Im Gegenteil, *Machiavelli* fordert unmissverständlich zum Wortbruch auf (S. 87): *„Ein kluger Herrscher kann und soll ... sein Wort nicht halten, wenn ihm dies zum Schaden gereicht, und die Gründe, aus denen er es gab, hinfällig geworden sind."*

Nun könnte man dem so noch weitgehend zustimmen, denn wenn die Gründe entfallen sind, dann wäre das heute im rechtlichen Sinne so etwas wie „Wegfall der Geschäftsgrundlage". Die bisherige Übereinkunft wäre zumindest in Frage gestellt. Allerdings muss man aufpassen, denn (S. 87): *„Einem Fürsten wird es nicht an guten Gründen Fehlen, um seinen Wortbruch zu beschönigen."* Wenn man also keine „guten Gründe" hat, dann muss man eben welche erfinden. Ein Fürst müsse gleichzeitig die Eigenschaften eines Löwen und eines Fuchses zeigen, meint *Machiavelli*. Der Löwe steht für Stärke, der Fuchs für List und Verschlagenheit.

Abb. 14: Methode Sündenbock

Grausamkeiten sollte ein Fürst möglichst durch andere begehen lassen. Wenn das erledigt ist, entledigt sich der Fürst dieses „Sündenbocks", obwohl der im Auftrag des Fürsten gehandelt hat. Gnadensachen jedoch soll sich der Fürst selbst vorbehalten.

Was aber, wenn man offensichtliche Grausamkeiten begehen muss, um seine Herrschaft zu festigen oder Zucht und Ordnung wieder herzustellen? Das wäre natürlich höchst abträglich für das Image eines Fürsten. *Machiavelli* beschreibt die Vorgehensweise an einem konkreten Beispiel, wie er dies öfters in seinem Buch tut. Es ist hier die Methode „Sündenbock".

Der Herzog von Mailand, *Francesco Sforza (1401 – 1466)*, hatte die damalige Region Romagna erobert, ein Gebiet zwischen Apenninen und Adria, in dem Orte liegen wie San Marino, Ravenna, Imola und Rimini. Die bisherigen Herrscher hatte er, so schildert es *Machiavelli,* (S. 46) *„töten lassen, soviel er erreichen konnte, und nur ganz wenige waren entkommen."* Wegen der großen Unfähigkeit der vorherigen Machtelite herrschte (S.44) *„Straßenraub, Händel und allerlei Frevel."* Es musste also hart durchgegriffen werden, um wieder Ordnung herzustellen. *Sforza* ernannte einen gewissen *Ramiro d'Orco* zum Statthalter, einen (S. 44) *„grausamen und erfahrenen Mann".* Er gab ihm alle erforderlichen Vollmachten. Der räumte dann innerhalb kurzer Zeit rücksichtslos auf und stellte im damaligen Sinne Recht und Ordnung wieder her.

Sforza befürchte nun, dass dadurch einiges an Hass erzeugt worden war, für den er nicht verantwortlich sein wollte. Durch ein von ihm speziell eingesetztes Gericht wurde *d'Orco* zum Tode verurteilt. *Sforza* ließ ihn (S. 45) *„in Cesena auf dem Marktplatz in zwei Stücke zerrissen ausstellen, mit einem Stück Holz* *und einem blutigen Messer zur Seite. Der Graus dieses Anblicks befriedigte das Volk für eine Weile und hielt es in Respekt."* Die Regel, die *Machiavelli* aus diesem Beispiel ableitet ist (S. 93), *„dass die Fürsten alle harten Maßnahmen durch andere ausführen lassen und die Gnadensachen sich selbst vorbehalten sollen."*

Nun kann man sich über diese Grausamkeiten erregen. Aber zumindest symbolisch werden heute noch manche Sanierer von Unternehmen oder Unternehmensbereichen in Stücke zerrissen und für dieses Unternehmen erledigt. Wer also, so könnte man folgern, Drecksarbeit in seiner Firma zu erledigen hat, beauftragt dazu am besten einen Dritten. Den feuert man anschließend wegen erwiesener Grausamkeiten wie Lohnkürzungen, Entlassungen oder Werksschließungen und steht dann selbst vor der Mannschaft gut da. Und wenn man keinen Dritten für die unangenehmen Entscheidungen in der eigenen Mannschaft findet, heuert man einen Interim-Manager an, die moderne Version des *Condottiere.*

3.5 Erobern und herrschen

Zur Zeit *Machiavellis* war es nicht ungewöhnlich, dass ein Fürst das Gebiet eines anderen überfallen hat – mit oder ohne formelle Kriegserklärung. Man könnte auf heute übertragen sagen: durch feindliche Übernahme eines anderen Unternehmens. Erobern war das eine, anschließend die Macht sichern das andere. Was hält hier *Machiavelli* als Rat bereit?

Wenn ein neuer Fürst aus der Familie kommt, dann sieht *Machiavelli* keine zu großen Schwierigkeiten. Es würde genügen, wenn man die (S. 20) *„Errungenschaften der Vorfahren unangetastet lässt und bei allen Ereignissen sich in die Verhältnisse schickt; wodurch mancher Fürst von durchschnittlichem Geschick sich stets auf seinem Throne halten kann."* Wir kennen das heute aus Familienunternehmen, bei denen beispielsweise Sohn oder Tochter als Gesellschafter-Geschäftsführer die Firma angemessen leiten, ohne herausragende Fähigkeiten zu besitzen.

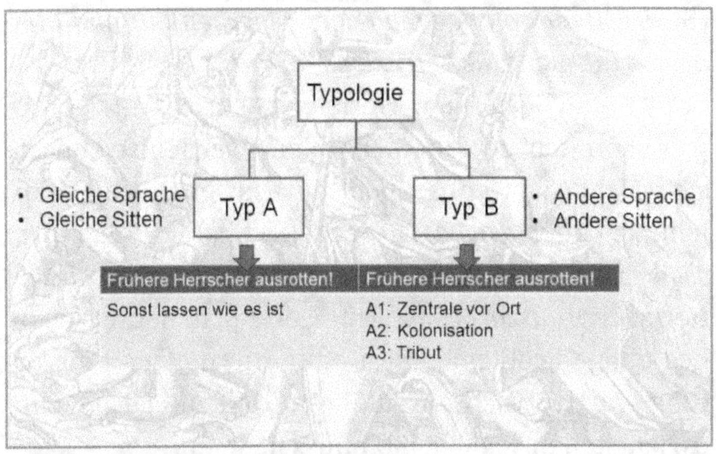

Abb. 15: Frühere Herrscher ausrotten

Eroberungen müssen gesichert werden. Ein Fürst soll deshalb die früheren Herrscher aus dem Verkehr ziehen (ermorden). Nur dadurch können sie sich sicher nicht mehr gegen den Eroberer erheben.

Herausfordernder wird es, wenn es sich um eine Eroberung handelt, in unserem heutigen Sinne um eine feindliche Übernahme. Dabei werden zwei grundsätzliche Situationen unterschieden: a) Sprache und Sitte sind gleich und b) das Eroberte hat andere Sprache und andere Sitten. „Sprache und Sitte gleich" würde bedeuten, man erwirbt ein Unternehmen in der gleichen Branche mit etwa der gleichen Firmenstruktur und – kultur. Die Untergebenen, sprich Mitarbeiter, brauchen sich beim neuen Fürsten, sprich neuen Eigentümer, nicht groß umzustellen. Für sie ändert sich nichts oder nur wenig, weil (S. 22) *„ wenn man den Einwohnern [heute: Mitarbeitern] im Übrigen ihre alten Einrichtungen lässt ... so leben sie ruhig."* (S. 89) *„Denn solange man den Menschen Gut und Ehre nicht raubt, sind sie zufrieden."*

Die bisherigen Herrscher, sprich Alteigentümer, könnten zu einem Problem werden, wenn sie sich nicht ganz konsequent zurückziehen. Die Empfehlung *Machiavellis* ist recht radikal (S. 22): *„Um sicher zu herrschen, genügt es, die Familie des früheren Herrschers auszurotten."* Nun hätte man heute sicherlich einige Probleme, diese Aufforderung zur Ausrottung wortwörtlich auszuführen. Heutzutage bedeute es: kaltstellen, jeglichen Einfluss nehmen.

Kritischer ist es beim Fall „Sprache und Sitte verschieden". Auch hier wird empfohlen, die bisherigen Herrscher, also Eigentümer, möglichst umgehend aus dem Verkehr zu ziehen. Dann gibt es zwei Alternativen zur Sicherung von Macht und Einfluss. Eine Möglichkeit ist (S. 23), *„dass der Eroberer seinen Wohnsitz dort aufschlägt. Dadurch wird der Besitz gesichert und dauerhaft.“* Also den offiziellen bisherigen Firmensitz in das übernommene Unternehmen zu verlagern.

Eine weitere Alternative wäre, Kolonien zu gründen. Der nun neue Fürst, sprich neue Eigentümer, besetzt wichtige Schlüsselpositionen mit eigenen Leuten. Dafür müssen natürlich die bisherigen Stelleninhaber oder Funktionsträger das Unternehmen verlassen. Denn (S. 23): *„Die Vertriebenen bleiben zerstreut ... und können ihm nicht schaden, und alle übrigen beruhigen sich rasch, da sie ja nicht geschädigt sind, oder sie fürchten sich, dass es ihnen ebenso ergehen möchte wie jenen, sobald sie sich auflehnen.“*

An anderer Stelle ergänzt *Machiavelli* seine Empfehlungen, wie man ein erobertes Fürstentum, sprich feindlich übernommenes Unternehmen, beherrschen kann (S. 34): 1. Zerstören, im heutigen Sinne ausschlachten oder liquidieren, 2. Dort selbst residieren, das wurde eben besprochen und 3. Tribut fordern, also Ausschüttungen oder Dividenden. *Machiavelli* meint (S. 35): *„Am sichersten ist es ..., sie zu zerstören oder in ihnen zu residieren.“*

Wenn nun Neuerungen in dem eroberten Gebiet, also Unternehmen, eingeführt werden müssen, genügt es nicht, nur auf den guten Willen der Einwohner, sprich Mitarbeiter, zu bauen. Mit Widerstand ist zu rechnen. (S.38) *„Denn die Neuordner haben alle die zu Feinden, die sich in der alten Ordnung wohl befinden und [nur] laue Mitstreiter in denen, welche bei der Neuordnung zu gewinnen hoffen."* Machiavelli vergleicht die „Neuordner" mit Propheten. Sein Rat ist auch hier unmissverständlich (S. 38): *„Daher haben alle bewaffneten Propheten den Sieg davongetragen, die unbewaffneten aber sind zugrunde gegangen ... Darum muss der Plan so angelegt sein, dass man, wenn der Glaube der Menge versagt, mit Gewalt nachhelfen kann."*

Neue Geschäftsführer oder Vorstände im Unternehmen, aber auch Politiker halten sich oft an die Redensart: „Grausamkeiten soll man sofort begehen." Dies Zitat steht ähnlich auch bei *Machiavelli*. Er unterscheidet dabei zwischen einem rechten und falschen Gebrauch von Grausamkeiten. (S. 53): *„Ein rechter Gebrauch der Grausamkeit ... ist der, wenn das Böse ein einziges Mal ... geschieht, dann aber aufhört ... Ein Missbrauch nenne ich es, wenn das Böse am Anfang gering ist, mit der Zeit aber eher zunimmt als nachlässt."*

Anders sieht es aus mit Wohltaten. Hier rät *Machiavelli* (S. 53-54): *„Gewalttaten müssen auf einmal geschehen, da sie dann weniger empfunden und eher vergessen werden. Die Wohltaten aber müssen nach und nach erwiesen werden, damit sie sich besser einprägen."* Wenn man dann auch noch, wie vorher beschrieben, die Drecksarbeit, also Gewalttaten von Dritten erledigen lässt und sich selbst die Wohltaten vorbehält, ist man fein raus. Auch das soll in Unternehmen heutzutage noch vorkommen.

3.6 Führen und verwalten

Nun könnte vielleicht bisher der Eindruck entstanden sein, dass es im Tagesgeschäft des Fürsten nur so von Mord, Totschlag, Intrige oder Denunziation wimmelte. Dies wäre der falsche Eindruck. Normalität fand trotz aller Unruhen statt. Denn die Fürsten brauchten Geld, um alles Mögliche zu finanzieren, besonders den Hof des Fürsten, Ausgaben für das Heer, Bezahlung von Ministern und Dienstboten, die eine oder andere Maßnahme zum Aufbau und zur Erhaltung der ökonomischen Infrastruktur.

Die Wirtschaft musste daher angekurbelt und möglichst am Laufen gehalten werden. Motivation war gefragt. Das wusste auch *Machiavelli*. Er rät daher dem Fürsten (S. 110): „*Ferner soll ein Fürst die Tüchtigkeit lieben und die Trefflichen in jedem Fache ehren. Er soll seine Bürger anfeuern, ihrem Berufe emsig zu obliegen. ... er soll jeden dazu ermuntern und alle belohnen, welche die Stadt oder den Staat auf irgendeine Weise bereichern wollen.*" Dies klingt nun doch fast wie eine Aufforderung an heutige Politiker, auch daran zu denken, wie das zu Verteilende zustande kommt und sich nicht nur darauf zu einigen, wie man Geld ausgibt.

Abb. 16: Mittelalterlicher Markt

Auch Fürsten brauchen Geld für ihren Hof und die Finanzierung eines Heeres. Der Fürst soll daher „seine Bürger anfeuern, ihrem Beruf emsig zu obliegen". Damit sie das tun, ist Rechtsicherheit erforderlich und das Vertrauen der Bürger, dass ihr Eigentum geschützt ist. Auch für einen Fürsten ist Willkür langfristig schädlich.

Als kleine Anmerkung am Rande: Im Jahr 1494, also etwa 20 Jahre bevor *Machiavelli* seine Schrift *Der Fürst* verfasst hat, hatte der in Florenz lebende Mathematiker und Franziskanermönche *Luca Pacioli* (1445 – 1514) erstmals das System der doppelten Buchführung in einem Lehrbuch beschrieben. Man nannte es die „Venezianische Methode". Ob sie damals schon an Fürstenhöfen eingesetzt wurde, ist nicht bekannt. Bis heute haben ja die meisten öffentlichen Verwaltungen nur eine sogenannte kameralistische Buchführung, im Prinzip nur eine Ein-/ Ausgabenrechnung.

Der Fürst sollte sich auch nicht der Illusion hingeben, dass, nur weil er Fürst ist, er alles besser weiß. Minister führen das Tagesgeschäft und sollten seine Ratgeber sein. *Machiavelli* unterscheidet bei ihnen drei Kategorien (S. 111). Als „hervorragend" bezeichnet er die, welche alles selbst erkennen und die Problem selbständig lösen. Als „gut" werden die eingeordnet, die zumindest die Probleme erkennen, wenn man sie ihnen zeigt und sie dann lösen. Und als „unnütz" diejenigen, die nichts erkennen, selbst wenn man es ihnen zeigt. Das wäre eine Einteilung, die auch für heutige Mitarbeiter oder Führungskräfte noch gelten könnte.

Für das Image des Fürsten sei es schädlich, wenn er sich mit Dummköpfen umgeben würde. Denn (S. 111): *„Das erste Urteil, das man sich über einen Herrscher und über seinen Verstand bildet, beruht auf den Personen, die ihn umgeben."* Speichellecker und Schmeichler sind also nicht gefragt, obwohl die natürlich kurzfristig für einen Fürsten und wohl auch für heutige Manager angenehme Zeitgenossen wären. *Machiavelli* empfiehlt dem Fürsten, Männer zu berufen (S. 113), *„die ihm die Wahrheit sagen, aber nur über die Dinge, nach denen er fragt... Er muss Sie aber über alles befragen ... und dann seinen eigenen Entschluss fassen."* Dies erinnert etwas an die Regeln des heiligen *Benedikt von Nursia*, bei denen der Abt ja auch seine Mönche um Rat fragen soll. Ungebetener Rat ist nicht erwünscht, schon gar nicht Meinungen, die dem Fürsten aufgedrängt werden, weil der Beratende sich dadurch einen Vorteil verspricht. Denn *Machiavelli* weiß aus eigener Erfahrung (S. 114): *„Jeder Berater wird stets an seinen eigenen Vorteil denken ... Andere wird er [also der Fürst] nie finden."*

Man muss also, wie es so schön heißt, mit den Bräuten tanzen, die im Saal sind. Diese Redensart steht natürlich nicht bei *Machiavelli.* Um gute Ratschläge zu erhalten, muss der Fürst daher die richtigen Fragen stellen, woraus *Machiavelli* folgert (S. 114): *„... gute Ratschläge müssen aus der Klugheit des Fürsten entspringen und nicht die Klugheit des Fürsten aus guten Ratschlägen."*

3.7 Glück und Anpassung

Zu *Machiavellis* Zeit herrschte in weiten Kreisen der Bevölkerung die Überzeugung, dass Gott das Leben des Menschen vorherbestimmt habe. (S. 117) *„Woraus sich ergäbe, dass es nicht verlohnte, sich auf der Welt anzustrengen, sondern dass man sich in das Schicksal ergeben müsse."* Als Realist weiß zwar *Machiavelli,* dass Erfolg und Misserfolg auch von Umständen abhängen, die von der betreffenden Person, also auch einem Fürsten, nicht kontrolliert oder beeinflusst werden können. Diesen Teil nennt er Glück. Er ist aber generell von der Willensfreiheit der Menschen überzeugt und meint daher (S. 117): *„So halte ich es* *für wahr, dass das Glück die Hälfte unserer Handlungen bestimmt, die andere Hälfte jedoch ... uns anheimfällt."*

Handlungs- und Verhaltensempfehlungen sind auch für *Machiavelli* immer zeitbedingt. Was heute sinnvoll und erfolgreich ist, muss es nicht auch morgen sein. Für Firmen gilt oft: Der Anfang des Misserfolges ist der Erfolg. Er verführt dazu, künftig weiter so zu verfahren, wie man es in der erfolgreichen Vergangenheit getan hat. Insolvenz, Überschuldung oder sogar betrügerischer Bankrott sind oft die bedauernswerten Folgen. Glück und damit auch Erfolg hat nach *Machiavelli* nur der (S. 118), *„ dessen Handlungsweise dem Charakter der Zeit entspricht, während der Unglück hat, der mit seiner Zeit im Widerspruch steht."* (S. 119) *„... ändern sich aber die Verhältnisse, so geht er zugrunde, weil er seine Handlungsweise nicht ändert."*

Man wird hier an *Charles Darwins* Evolutionslehre erinnert, die er ein paar hundert Jahre nach *Machiavelli* formuliert hat. Nach ihr überleben und sind damit erfolgreich nicht die stärkeren, sondern diejenigen Lebewesen, die an ihre Umwelt angepasst sind, in *Machiavellis* Worten: *„... deren Handlungsweise dem Charakter der Zeit entspricht ..."*. Die Unangepassten, die, welche alte Rezepte auf neue Situationen ungeprüft anwenden, werden untergehen. Alte Führungsrezepte für neue Situationen können also höchst gefährlich werden. Besonders kritisch wird es, wenn man sich auf vergangenen Erfolgen ausruht.

3.8 Kalkulierte Unmoral

Das Menschenbild *Machiavellis*, so haben wir bereits erkannt, ist überwiegend negativ. Er traut seinen Bürgern auch nicht zu, dass sie langfristig denken und ihre Handlungen danach ausrichten. So stellt er fest (S. 73): *„Die Menschen fangen ohne viel Überlegungen eine Sache an, die einen augenblicklichen Vorteil bietet und sie gegen die damit verbundenen [späteren] Gefahren blind macht."* Geschuldet ist dieses Urteil sicherlich auch den politischen Umständen der damaligen Zeit. Auch die Tatsache, dass für private Unternehmungen und Vorsorge keine langfristige Planungssicherheit vorhanden war, trug mit dazu bei.

Doch *Machiavellis* Empfehlungen zum Wortbruch und morallosen Handeln bis hin zur Brutalität gegenüber Gegnern und Untergebenen werden von ihm selbst relativiert. (S. 50) *„Man kann es nicht Tugend nennen, seine Mitbürger zu ermorden, die Freunde zu verraten, ohne Treue und Glauben, ohne Menschlichkeit und Religion zu sein."* (S. 57) *„Ich ziehe den Schluss, dass ein Fürst das Volk auf seiner Seite haben muss, weil er sonst im Unglück verlassen ist."* (S. 58) *„Daher muss ein kluger Fürst dafür sorgen, dass seine Bürger ... ihn und den Staat nötig haben: dann werden sie ihm stets treu bleiben."*

Dieses „nötig haben" wird sowohl von Unternehmen als auch von Staaten heutzutage immer noch erfolgreich praktiziert. Ein Unternehmen in einer strukturschwachen Gegend hat es leicht, seine Mitarbeiter in einem finanziellen Abhängigkeitsverhältnis zu halten. Es gibt ja dann kaum Alternativen zum gegenwärtigen Arbeitsplatz. Und ein Staat, der allzu reichlich soziale Wohltaten an seine Bevölkerung austeilt, macht Ähnliches. Er erzeugt Abhängigkeiten. Denn wenn die Mehrzahl der Bürger dieses Staates von den Zuwendungen abhängen, sitzen die politischen Führungskräfte, die das unterstützen, recht fest im Sattel – bis ihnen das Geld ausgeht und Steuern oder Abgaben drastisch erhöht werden müssen.

Machiavelli kann dem Schuldenmachen wenig Positives abgewinnen. Die folgenden Ausführungen könnte man auch heute noch manchen Politikern ins Stammbuch schreiben (S. 81): *„Ein Fürst also, der seine Untertanen nicht ausplündern will, ... darf den Ruf der Knauserei nicht fürchten, denn diese ist eine der Untugenden, die ihm seine Herrschaft sichern.“* Und weiter schreibt er (S. 80): *„Wenn man sieht, dass er bei seiner Sparsamkeit mit seinen Einkünften auskommt .... erscheint er schließlich freigebig gegen die große Masse, der er nichts nimmt“.* Knauserei würde zwar einen üblen Ruf erzeugen, meint *Machiavelli*, aber keinesfalls Hass. Denn (S. 82): *„Und unter allem, wovor ein Fürst sich hüten muss steht obenan: verachtet und gehasst zu werden.“*

Eine weitere Erkenntnis *Machiavellis* ist (S. 64): *„Die Hauptstütze aller Staaten sind gute Gesetze und gute Streitkräfte.“* Ein aktueller Blick in sogenannte unterentwickelte afrikanische Staaten bestätigt dies auch heute noch. Rechtsunsicherheit, also schlechte Gesetze, und die Unfähigkeit, Gesetze auch durchzusetzen, scheinen wesentliche Gründe für die dort vorhandene Armut zu sein. Wenn die rechtliche Infrastruktur nicht stimmt, erlahmt auch die wirtschaftliche Initiative der betroffenen Menschen. Denn die wissen nicht, ob sie oder ihre Nachkommen die Früchte ihrer Arbeit auch wirklich ernten können.

Dankbarkeit für mögliche Wohltaten ist nach *Machiavelli* jedoch kein Fundament, auf das ein Fürst bei seinen Untertanen bauen kann. Deshalb sollte ein Fürst (S. 82) *„die Nachrede der Grausamkeit nicht scheuen"*; (S. 83) *„denn es ist weit sicherer gefürchtet als geliebt zu werden, sobald nur eins von beiden möglich ist."* Dankbarkeit würde, so *Machiavelli*, nachlassen sobald der Eigennutz die Überhand gewinnt. Jedoch (S. 84): *„Die Furcht vor Strafe aber lässt niemals nach."* Und weiter (S. 95): *„Wenn die Masse des Volkes verderbt ist, ... sind die guten Handlungen schädlich."*

4 Vergleich der Methoden

Wir haben nun einige zentrale Empfehlungen des *Benedikt von Nursia* und auch *Niccoló Machiavelli* herausgearbeitet. Wir können jetzt ein paar Vergleiche ziehen um herauszuarbeiten, wo sich diese beiden unterscheiden. Es werden sechs Kriterien betrachtet und kurz gegenüber gestellt: Menschenbild, Führung, Untergebene, Kontrolle, Ethik, und Rechtfertigung. Sie führen zu einem Urteil darüber, in welchem Umfang die Führungsempfehlungen auch heutzutage noch brauchbar sein könnten.

4.1 Das Menschenbild

Benedikt hat vom Grundsatz her ein positives Menschenbild. Der Mensch ist Ebenbild Gottes, wenn auch mit ein paar Konstruktionsfehlern. Die sollen dadurch überwunden oder kompensiert werden, dass der Bruder in einen festen Tages- und Jahresablauf eingebunden wird mit strengen Verhaltensvorschriften. Denn (48,1): *„Müßiggang ist der Seele Feind."*

Für *Machiavelli* ist (S. 89) *„die Welt voller Pöbel."* Die Menschen sind (S. 83) *„undankbar, wankelmütig, falsch, feig"* und (S. 87) *„einfältig".* Sie suchen den kurzfristigen Vorteil. Man kann sich nicht wirklich dauerhaft auf sie verlassen. Man muss mit diesen negativen Eigenschaften rechnen, sie in die eigenen Überlegungen als Fürst einbeziehen.

4.2 Die Führung

Benedikts Führungsstil könnte man patriarchalisch nennen. Der Chef, hier der Abt, ist die klassische Vaterfigur, die sich letztlich um alles kümmert, auch um das private Wohl. Das gegenseitige Verhältnis ist gekennzeichnet durch Loyalität, Treue und Dankbarkeit. Unbedingter Gehorsam gegenüber dem Vorgesetzten ist die Kehrseite dieser Münze. Für Fehler und Verfehlungen sind Stufen der Disziplinierung vorgesehen bis hin zum Ausschluss aus der Gemeinschaft. Man ist aber prinzipiell bereit zu verzeihen – wenn Buse getan wird und Aussicht auf Besserung besteht. Der Abt soll geachtet und geliebt werden aber nicht gefürchtet oder gar gehasst.

Der von *Machiavelli* propagierte Führungsstil ist diktatorisch, autoritär. Der Vorgesetzte, hier der Fürst, ordnet an, befiehlt. Er erwartet, dass seine Befehle ohne Widerspruch ausgeführt werden. Zuwiderhandlungen oder Fehler werden bestraft. Rat wird zwar eingeholt, aber nur auf Initiative des Fürsten. Unerbetener Rat ist nicht erwünscht. Der Fürst soll eher gefürchtet als geliebt werden, aber keinesfalls gehasst. Jedoch muss auch der Fürst beachten, dass er letztlich die Unterstützung seines Volkes braucht, um sich in seiner Position zu halten. Das schränkt rein aus Nutzenerwägungen seine Willkür ein.

Kriterium ⇩	Benedikt von Nursia	Niccoló Machiavelli
Menschenbild	positiv	negativ
Führung	patriarchalisch, fürsorglich	diktatorisch, autoritär
Untergebene	selektiert, wenige	unselektiert, viele
Kontrolle	intrinsisch (von innen)	extrinsisch (von außen)
Ethik	Gesinnungsethik	Handlungsethik
Polaritäten	Gut - Böse (Gott)	Erfolg - Misserfolg (Markt)
Realitätsnähe	✳ ✳	✳ ✳ ✳ ✳

(maximal 5 ✳)

Abb. 17: Vergleich der Führungssysteme
Benedikt von Nursia und Niccoló Machiavelli haben unterschiedliche Menschenbilder. Davon leiten sich die doch sehr verschiedenen Empfehlungen zur Führung ab. Der Rat Machiavellis scheint der politischen und unternehmerischen Praxis näher zu sein als der Benedikts.

4.3 Der Untergebene

Bei *Benedikt* durchlaufen die potentiellen Kandidaten für ein Klosterleben eine umfangreiche Aufnahmeprozedur. Es wird abgeklopft, ob sie die gewünschten Eigenschaften mitbringen (58,7): Gottessehnsucht, Glaubenseifer, Gehorsam und Leidensbereitschaft. Erst nach mehreren Monaten der Prüfung werden sie aufgenommen. Die Brüder wissen, dass es ihnen danach nicht einmal erlaubt ist (33,4), *„nach eigener Entscheidung über ihren Leib und ihren Willen zu verfügen."* Wer dauerhaft den Anforderungen des Klosterlebens nicht genügt, kann ausgeschlossen werden.

Bei *Machiavelli* muss der Fürst mit den Untertanen leben, die nun einmal da sind. Er hat kaum Möglichkeiten, unerwünschte Personen auszuschließen. Zwar kann er sie aus seinem Herrschaftsgebiet verbannen oder umbringen lassen. Aber das sind im Verhältnis zur Gesamtbevölkerung seines Fürstentums immer noch nur Ausnahmen. Die Anforderungen an seine Untertanen sind daher geringer als an Brüder in einem Kloster. Wer nicht gegen den Fürsten opponiert, sich im Großen und Ganzen an die offiziell herrschende Sitte und Moral hält sowie die geforderten Abgaben und Dienstleistungen widerspruchslos erbringt, wird weitgehend in Ruhe gelassen.

4.4 Die Kontrolle

Bei *Benedikt* ist im Kloster eine gegenseitige persönliche Kontrolle der Brüder möglich. Jeder achtet darauf, dass der andere sich keine ungehörigen Vorteile zugesteht. Es wird erwartet, dass man Fehler und Verfehlungen seinem Vorgesetzten sofort meldet. Wenn nicht, ist mit Sanktionen zu rechnen, die allerdings weniger drastisch sind als bei weltlichen Gerichten der damaligen Zeit. Die ultimative Kontrolle ergibt sich aus dem Glauben an einen allmächtigen, allwissenden und alles sehenden Gott. Die Furcht vor Verdammung und Höllenqualen führt zu einer, wie man heute sagen würde, intrinsischen Kontrolle.

Machiavelli geht aufgrund seines negativen Menschenbildes nicht davon aus, dass sich die Bürger ohne Zwang und harte Bestrafungen, oder zumindest die Furcht davor an die Anweisungen des Fürsten halten. Entscheidend ist nicht das, was ein Untergebener denkt, sondern wie er sich erkennbar verhält. Bestraft wird zwar in der Regel nach einem Schuldspruch durch ein Gericht. Dieses Gericht ist aber vom Fürsten abhängig. Daher war nicht zu erwarten, dass es Urteile fällt, die dem Willen des Fürsten gänzlich widersprechen. Abschreckende öffentliche Hinrichtungen zeigen dem Bürger, was einen erwarten kann und halten so die Bevölkerung aus Angst vor gleicher Strafe in Schach.

4.5 Die Ethik

Aufgabe der Ethik ist es, wie wir zu Beginn erfahren haben, *„Kriterien für ein gutes und schlechtes Handeln und die Bewertung seiner Motive aufzustellen."* Die Bezeichnungen „gut" und „schlecht" sind moralische Kategorien. Und Moral kann sich über den Zeitverlauf in einer Gesellschaft ändern.

Die Ethik des *Benedikt* beruht auf göttlichen Geboten, die per Definition unveränderbar sind, also ewig gelten. Entscheidend ist die innere Einstellung des Bruders. Was in guter Absicht geschieht aber dennoch schlechte Folgen hat, ist verzeihbar. Was mit schlechten Absichten durchgeführt wird, obwohl das Ergebnis doch noch positiv ausfällt, ist dennoch verwerflich. Es kommt also hauptsächlich auf die Gesinnung an, die hinter den Taten steckt. Die Ethik des *Benedikt* wäre somit eine Gesinnungsethik.

Machiavellis Fürst hat keine Möglichkeiten, die Gesinnung seiner Untertanen so zu erforschen, wie das im Kloster durch den engen persönlichen Kontakt möglich ist. Er muss die Handlungen nach ihren Ergebnissen beurteilen. Es ist weitgehend von untergeordneter Bedeutung, welche Motive dahinter stecken. Ein zweifelhaftes, unehrenhaftes oder gar verwerfliches Motiv einer Handlung, die dennoch zu einem positiven Ergebnis führt, ist besser, als ein schlechtes Ergebnis, das aus lauteren Motiven zustande gekommen ist. Es kommt beim Fürsten hauptsächlich auf das Ergebnis der Handlung an. Denn (S. 165): *„Wer handelt, ist dafür verantwortlich, welche Folgen er unabhängig von seinen Absichten herbeiführt."* Die Ethik des *Machiavellis* wäre daher eine Handlungsethik.

4.6 Die Polaritäten

Bei *Benedikt* ist oberste Instanz eine transzendente, also außerweltliche Autorität: Gott. Von ihm wird alle weltliche Macht abgeleitet. Da selbst die Vertreter

Gottes auf Erden keinen direkten Zugang zu ihrem Gott haben, stützen sie sich auf Offenbarungen, heilige Texte und deren Interpretation, bei den Christen die Bibel, bei Katholiken zusätzlich die Dogmen. Beurteilt wird nach moralischen Kategorien: Gut und Böse. Man orientiert sich an einem Ideal, das nie erreicht werden kann.

Bei *Machiavelli* verhalten sich erfolgreiche Fürsten so, dass sie nach christlichem Verständnis eher in die Hölle als in den Himmel kommen. Der Fürst muss „gut" scheinen, jedoch wenn erforderlich auch „böse" handeln können. Regeln sind für die Untertanen, weniger für den Fürsten. Beurteilt wird nach Marktkategorien: Erfolg und Scheitern. Wobei *Machiavelli* unter Erfolg nicht den kurzfristigen Gewinn von Geld und Macht versteht. Erfolg muss dauerhaft gesichert werden. Und das ist – auch nach *Machiavelli* – allein durch Gewalt nicht möglich. Ein Herrscher benötigt die Beherrschten, um Herrscher zu werden und zu bleiben.

5 Folgerungen für heute

An wem soll man sich nun orientieren in seinem Führungsverhalten, an *Benedikt von Nursia* oder eher an *Niccoló Machiavelli?* Es kann eigentlich immer nur eine sehr persönliche Folgerung aus den Betrachtungen gezogen werden, die hier angestellt worden sind. Wir leben heute, zumindest in den sogenannten entwickelten Staaten, persönlich autonomer. Im Vergleich zu den Zeiten um 500, der Zeit *Benedikts,* oder 1500, der Zeit *Machiavellis,* leben wir zudem auch in einem rechtsicheren Staat – trotz sicherlich mancher Kritik, die man anbringen könnte. Und wer schon Führungsaufgaben längere Zeit wahrnehmen durfte oder musste, weiß, dass es keine allgemein gültige Empfehlung für Führungsverhalten gibt. Es gibt keine „Führungsgesetze", die ähnlich Naturgesetzen immer gelten und die man rezepthaft anwenden könnte.

Das Kloster mit seinem unbedingten Gehorsam, der Aufgabe der persönlichen Entscheidungsfreiheit ist heute für viele kein Vorbild mehr. Katholiken mögen Mönche noch bewundern, weil sie ihr Leben Gott widmen. Reformierte sehen Mönche vielleicht als Weltflüchtlinge an, die sich vor den Anforderungen des Lebens hinter Klostermauern zurückziehen. Und Atheisten mögen mitleidig oder sogar voller herablassender Verachtung auf Gläubige blicken, weil deren Glaubensinhalte letztlich nicht bewiesen werden können, in diesem Sinne irrational sind.

Es gibt sicherlich Anregungen in der klösterlichen *Benediktusregel*, die man übernehmen könnte wie beispielsweise: sorgfältige Auswahl der Mitarbeiter, Toleranz bei sachlichen Fehlern – wenn sie nicht verheimlicht werden, Eskalationsstufen bei Fehlverhalten bis zur Entlassung, persönliche Verantwortung des Vorgesetzten für die Arbeitsergebnisse und den Kenntnisstand seiner Mitarbeiter, die Bereitschaft zu verzeihen, wenn Reue gezeigt und Besserung wahrscheinlich ist und ein paar mehr. Aber das wäre doch nur Rosinenpickerei, wie es auch Rosinenpickerei ist, wenn man für alle möglichen Taten oder Untaten die Bibel zitieret.

Die Empfehlungen *Machiavellis* scheinen den heutigen Realitäten wesentlich näher zu kommen. Er rechnet mit den Menschen, wie sie sind, nicht wie sie sein sollten. Er geht aus vom Eigennutz, der in vielen wenn nicht allen Beweggründen vorhanden ist, teilweise auch unter dem Mäntelchen der Selbstlosigkeit. Er gibt dem Fürsten zwar die Macht, seine Vorstellungen durchzusetzen. Er nennt aber auch die Konsequenzen, wenn er seine Macht verlieren sollte – bis hin zum Tod. Er sieht ab von einer Gedankenkontrolle oder gar Gehirnwäsche der Untergebenen und beurteilt nur, wie das Ergebnis aussieht. *Machiavelli* lässt den Menschen ihre Entscheidungsfreiheit. Er fordert aber auch, dass sie die Verantwortung für ihre Entscheidungen und ihr Verhalten übernehmen. Und er macht deutlich, dass sorgenfreie Führung ein Widerspruch in sich ist.

Niccoló Machiavellis kleines Büchlein *Der Fürst* beschreibt keinesfalls ein abgehobenes System politischer Philosophie. Es ist empirisch, pragmatisch und praktisch. Allerdings kann man heutzutage wohl nur Familienunternehmen mit einem Feudalstaat der Vergangenheit annähernd vergleichen, dort also, wo Eigentum und Führung in einer Hand liegen - oder zumindest in der Hand einer Familie.

Abb. 18:Kleine Bücher mit großem Einfluss
Die beiden Schriften umfassen kleinformatig lediglich etwas mehr als hundert Seiten. Sie sind Ausgangspunt kontroverser Betrachtungen und Analysen. Auch wenn die Sprache etwas antiquiert wirkt, entdeckt man viele Anregungen zur Menschenführung. Sie können jedoch nicht 1:1 auf heutige Verhältnisse übertragen werden. Die Umstände der Entstehungszeit muss man mit berücksichtigen.

Würde man für die Realitätsnähe, wie bei der Buchbewertung beim Internet-Buchhändler AMAZON, maximal fünf Sterne vergeben, erhielten wohl das Regelwerk des *Benedikt von Nursia* zwei und *Niccoló Machiavelli*s Buch *Der Fürst* vier Punkte. Nur pure Idealisten würden umgekehrt bewerten.

Unglücklicherweise seht *Machiavellis* Name immer noch als Symbol finsterer Machenschaften, skrupelloser Intrige und purer Machtgier. Und *Benedikt* steht für Demut, für ein menschenfreundliches Leben in Harmonie mit sich und der Welt nach ewig gültigen ethischen Grundsätzen. Dass dies so nicht zutrifft, haben die zurückliegenden Ausführungen gezeigt. Doch zumindest eines haben beide gemeinsam: Letztlich zählt für beide immer nur der dauerhafte Erfolg – ob spirituell, politisch oder ökonomisch.

.

Literaturhinweise

Albig, J.-U. (23. Sept. 2005). *Niccoló Machiavelli: Mut zur Grausamkeit*. Abgerufen am 04. Nov. 2013 von www.spiegel.de

Benedikt, v. N. (1990 [529]). *Die Regeln des heiligen Benedikt.* Beuron: Beuroner Kunstverlag.

Diem, A. (2005). *Das monastische Experiment. Die Rolle der Keuschheit bei der entstehung des westlichen Klosterwesens.* Münster: LIT Verlag.

Drucker, P. F. (1972). *Die ideale Führungskraft.* Düsseldorf: ECON.

Grün, A. (2013). *Menschen Führen - Leben wecken.* München: dtv.

Illig, H. (27. Apr. 2010). *Doppelter Gregor - fiktiver Benedikt*. Abgerufen am 16. Nov. 2013 von www.fantomzeit.de

Kircher, B. (2007). *Benedikt für Manager*. Wiesbaden: Verlag Dr. Th. Gabler.

Lang, H. (28. Sept. 2009). *Krieg zwischen Gewaltmonopol, Privatisierung und Kommerz. Niccoló Machiavelli oder die Rückkehr der Condottieri*. Abgerufen am 10. Sept. 2013 von www.europa.clio-online.de

Leicht, R. (10. Jan. 2013). *500 Jahre "Der Fürst" Die Mechanik der Macht*. Abgerufen am 10. Sept. 2013 von www.zeit.de

Machiavelli, N. (2001 [1513]). *Der Fürst.* Frankfurt am
    Main: Insel Verlag.
N.N. (11.. Feb. 2008). Männer, Macht und Machiavelli -
    Diverse Beiträge. *FOCUS Maganzin,* S. 97 - 104.
N.N. (2013). *Benedikt von Nursia.* Abgerufen am 28. Okt.
    2013 von www.heiligenlexikon.de
N.N. (2013). *Leben und Wirken (des heiligen Benedikg
    von Nursia).* Abgerufen am 03. Nov. 2013 von
    www.benediktiner.de
Puzicha, M. (2012). *Kommentare zur Vita Benedicti.* St.
    Ottilien: EOS Verlag.
Reinhard, V. (2012). *Machiavelli oder Die Kunst der
    Macht.* München: C. H. Beck Verlag.
Staas, C. (15. Apr. 2010). *Heiliger oder Lebende?
    Benedikt gab es nicht - Interview mit Johannes
    Fried.* Abgerufen am 23. Okt. 2013 von
    www.zeit.de/2010/16/GES-Interview
Taylor, K. (2006). *BRAINWASHING. The science of tought
    control.* Oxford: Oxford University Press.
Weber, M. (1904 [2005]). *Die prostetantische Ethik und
    der Geist des Kapitalismus.* Erftstadt: Area
    Verlag.

Verzeichnis der Abbildungen

Verzeichnis der Bildquellen

[1] http://www.tvmovie.de/ ... stromberg1.jpg
[3] Hans Memling (1433-1494): St. Benedikt
{4] http://www.veteranstoday.com/wp-content/uploads/2013/11/mind-control2_banner.jpg
[5] http://www.telegraph.co.uk; 11. Juli 2013
[7] http://xn--80aqafcrtq.cc/de/?p=473881
[9] http://www.shopmee.de/index.php/katalog/search
[10] Hans Memling (1433-1494): Das Jüngste Gericht (Memling Altar Danzig)
[11] http://commons.wikimedia.org/wiki/File:Italy_1494_de.svg
[12] http://www.nndb.com/people/654/000034552/
[13] http://erakablog.files.wordpress.com/2012/02/knifebehindback.jpg
[14] William Holman Hunt (1927 – 1910): Der Sündenbock (The Scapegoat)
[16] http://historywallcharts.eu/view/a-medieval-market

Informationen über den Autor

Walter R. Kaiser

ist Ökonom, Ingenieur, Sachbuchautor und Wissenschaftsphilosoph. Er erläutert in Büchern oder Vorträgen auf verständliche Weise Ideen, Konzepte und Zusammenhänge. Er war viele Jahre in der Wirtschaft in leitenden Funktionen tätig und ist Mitglied im Beirat mittelständischer Unternehmen.

Weitere Details über seine Publikationen und Vorträge sowie die Kontaktdaten findet man auf seiner Autoren-Homepage unter:

www.kaiser-forum.jimdo.com

Bücher vom gleichen Autor

Die Alpträume des Dr. Thilo Sarrazin

Fakten und Folgerungen aus und zu dem Buch
Deutschland schafft sich ab
ISBN 978-3-8423-9525-1

Der Eurofrust des Dr. Thilo Sarrazin

Fakten und Folgerungen aus und zu dem Buch
Europa braucht den Euro nicht
ISBN 978-3-8448-9580-3

Die Schlange in uns

Warum und wie wir verführbar sind
ISBN 978-3-8448-7241-5

Entscheidend

Psychologie und Technik besserer Entscheidungen
ISBN 978-3-8482-2078-6

Single, Paar und Marktwirtschaft

Partnerwahl abseits romantischer Liebe
ISBN 978-3-8482-2942-0

Götter, Gelder und Gewinne

Der Kapitalismus als neue Religion
ISBN 978-3-7322-9784-5

Alle Bücher sind auch als E-Book erhältlich.

Platz für Notizen

Platz für Notizen